D1704413

Jörg Schumann

Mut zum Aufbruch, deutscher Mittelstand!

Ein Ratgeber für die Unternehmensführung

Bibliografische Information der Deutschen Bibliothek:
Die Deutsche Bibliothek verzeichnet diese Publikation in der Deutschen Nationalbibliografie;
detaillierte Informationen sind im Internet über
<http://dnb.ddb.de> abrufbar.

© 2006 Jörg Schumann
Herstellung und Verlag: Books on Demand GmbH, Norderstedt
ISBN 3-8334-4285-9

Inhaltsverzeichnis

Geleitwort: Wer unser Land trägt 7

Vorwort des Autors 9

Prolog 13

Die Gegenwart analysieren 19
Die Probleme erkennen 19
Nach Lösungen suchen 23
Die Vorbilder finden 29

Die Zukunft konzipieren 41
Eine Vision schaffen 41
Die Strategie entwickeln 49
Die Maßnahmen planen 54

Den Aufbruch vorbereiten 61
Das Führungskonzept erarbeiten 61
Die Beraterkompetenzen bestimmen 65
Das Beraterteam berufen 79
Die Mittelstandsinitiative starten 88

Den Erfolgsweg gehen 103
Den ersten Schritt tun 103
Durch Erfolg überzeugen 107
Den Chefdialog moderieren 123
Das Leitbild entwickeln 130
Die Wertschöpfungsprozesse gestalten 136
Die Führungsentscheidungen treffen 147
Ein Nutzwertprofil erstellen 152
Die Kundenerwartungen übertreffen 156

Einen den Wettbewerbern überlegenen Nutzwert bieten 160

Epilog 167

Katalog „Innovative Leistungskennzahlen" 169
Finanzperspektive (Auszug) 169
Kundenperspektive (Auszug) 173
Prozessperspektive (Auszug)..181
Mitarbeiterperspektive (Auszug) 187

Glossar... 201

Akteure des Buchs 207

Geleitwort
Wer unser Land trägt

Dem breiten Spektrum der jährlichen Neuerscheinungen an Wirtschaftsliteratur fügt Jörg Schumann mit dem vorliegenden Titel ein eher untypisches Sachbuch zu. Es wendet sich an den Mittelstand und will ein Ratgeber für die Unternehmensführung sein. Dabei gleicht es keinem der sattsam bekannten Sach- und Handbücher. Es bedient sich eher belletristischer als fachpublizistischer Mittel. Und bereits im Titel impliziert es eine Handlungsaufforderung.

Die vielleicht wichtigste Kreation des Autors, eines langjährig erfolgreichen Beraters im Mittelstand, ist die Einführung des Begriffs *M-Leuchtturm*. Fünfzehn Jahre lang wollten Politiker nach einer wirtschaftlich eher misslungenen Wiedervereinigung in Deutschlands Osten industrielle „Leuchttürme" ansiedeln. Milliarden an Fördermitteln wurden bei vergleichsweise geringer Effizienz verbraucht. Man hatte vergessen, dass praktisch alle Großunternehmen als kleine und mittelständische Unternehmen begonnen haben. Ursprünglich waren alle „Leuchttürme" mittelständisch. Das Wirtschaftswunder der Nachkriegszeit wäre ohne diese Überzeugung nicht gelungen. Das vorliegende Buch leistet einen wichtigen Beitrag dazu, dass diese Auffassung auch heute endlich wieder Raum greift.

Übrigens, wussten Sie, dass die Großunternehmen Lufthansa, BASF, Deutsche Bank, MAN und TUI im Jahre 2004 zusammen 357 020 Mitarbeiter beschäftigten? Die 2 992 kleinen und mittleren Unternehmen, die in den Jahren 2004 und 2005 deutschlandweit zur Auszeichnung mit dem „Großen Preis des Mittelstandes" nominiert waren, haben in etwa die gleiche Beschäftigtenzahl, nämlich 356 364 Mitarbeiter. Während Letztere im Jahre 2004 exakt 24 839 neue Arbeitsplätze schufen, bauten die fünf erwähnten Großunternehmen innerhalb eines Jahres 19 482 Arbeitsplätze ab. Bei nahezu unveränderten Umsätzen wuchsen deren Gewinne um bis zu 140 %. Den Nachrichten von TV, Radio und den großen Printmedien war das etwa 3 000 redaktionelle Erwähnungen, Berichte, Kommentare, Analysen und Interviews wert. Die Internet-Suchmaschine Google findet fast 50 Millionen deutsche Webseiten zu den genannten fünf Konzernen.

In dieser Medienwelt kommt das Rückgrat unserer Wirtschaft, der unternehmerische Mittelstand, nur als Randglosse vor. Die Medienpräsenz der 2 992 Mittelständler ist eher lokal. Außerhalb ihres engeren Wirkungsbereiches werden sie kaum wahrgenommen. Ihre Erfolgserfahrungen werden gering geschätzt. Dabei ist ihr persönlicher Einsatz nicht selbstverständlich. Auch sie brauchen tägliche Ermutigung und Unterstützung. Sie schafften nämlich ein Fünf-Jahres-Wachstum von 31 % bei Arbeitsplätzen, 37 % bei Ausbildungsplätzen und 42 % beim Umsatz. Mit rund 4 Mrd. Euro jährlich tragen sie zur Finanzierung des Gemeinwesens bei: Sie führen etwa 1,4 Mrd. Euro Umsatzsteuern, ca. 1,8 Mrd. Euro Renten-, Krankenkassen-, Arbeitslosen- und Pflegeversicherungsbeiträge sowie Lohnsteuern ihrer Beschäftigten und rund 800 Mio. Euro Einkommens- und Körperschaftssteuern ab. Durchschnittlich haben sie in den letzten fünf Jahren 43 300 Euro je Arbeitsplatz investiert und sichern eine Ausbildungsquote von 7,3 %.

Gerade diese Unternehmer müssten gefragt werden, wie es hierzulande vorangehen soll. Denn sie tragen mit ihrem überragenden Engagement still, aber nachhaltig, zum sozialen Frieden in Deutschland bei und stehen zugleich für wirtschaftlichen Erfolg und gesellschaftliche Verantwortung. Mehrere Hundert waren im Herbst 2005 Gast der Auszeichnungsgala „Großer Preis des Mittelstandes". Der brandenburgische Regierungschef und SPD-Vorsitzende Matthias Platzeck, Schirmherr der Veranstaltung, rief ihnen zu: „Was Sie repräsentieren ist genau das, was unser Land trägt. Wenn wir auf Kraft in Deutschland bauen, müssen wir auf Sie setzen!" Das Buch „Mut zum Aufbruch, deutscher Mittelstand!" leistet einen Beitrag zu dieser Entwicklung.

Dr. Helfried Schmidt
Chefredakteur P.T. MAGAZIN und
Vorstandsvorsitzender der Oskar-Patzelt-Stiftung,
die jährlich die Auszeichnung
„Großer Preis des Mittelstandes" verleiht

Vorwort des Autors

„Nichts auf der Welt ist so mächtig wie eine Idee, deren Zeit gekommen ist." Das sagte Victor Hugo, der große französische Schriftsteller. Sein Zitat aufzugreifen und mit konkretem Sachbezug anzuwenden heißt vor allem, die Frage nach der Idee sowie deren Zeit und Mächtigkeit zu beantworten. Voilà.

Die tragende Idee im Buch ist, dass ein Aufbruch des deutschen Mittelstands aus dem gegenwärtigen Jammertal verbreiteter Orientierungslosigkeit, quälender Verunsicherungen, hemmender Zweifel, steigender Existenzangst und vernichtender Insolvenzen in eine erstrebenswerte Zukunft nur mittels eigener Kraft – bei deutlich zu verbessernden wirtschaftlichen Rahmenbedingungen – gemeistert werden kann.

Die Zeit für den Aufbruch ist reif. Die Zahl von Firmenpleiten stieg in den letzten Jahren ständig oder stagniert, wie gegenwärtig, auf hohem Niveau. Hinzu kommt die extreme Überdehnung des europäischen Wettbewerbsraums. Billiglohnländer locken. Der Kapitaltransfer auf Rekordniveau schafft zwar neue Produktionsstätten im Ausland, vernichtet aber auch heimische Arbeitsplätze. Der tagtägliche Kampf kleiner und mittlerer Unternehmen ums Überleben nimmt zu. Deren Existenzampel zeigt „Gelb" mit leichtem Rotanteil. Achtung deutsche Mittelständler, erhöhte Schleudergefahr!

Wie mächtig ist nun die Idee, deren Zeit offensichtlich gekommen ist? Ihre Macht ist in erster Linie davon abhängig, in welchem Maße sie die Entscheidungs- und Verantwortungsträger in den mittelständischen Unternehmen ergreift und deren Weitblick und Mut befördert, den Aufbruch in die Zukunft zu wagen. „Mut zum Aufbruch!" – das möchte ich all jenen Mittelständlern zurufen, welche die Geschicke ihrer Firmen eigenhändig lenken und leiten. Hier wird der Wirkungszusammenhang von prägender Unternehmerpersönlichkeit und nachhaltigem Unternehmenserfolg oder Misserfolg deutlich. Ganz bewusst habe ich im Buch den Personen- und Sachbezug miteinander verschränkt. Die Handlungen sind realitätsnah, die Handelnden meist authentisch, deren Namen geändert.

Das Buch ist in vier Abschnitte gegliedert. Im ersten Abschnitt werden aktuelle Probleme mittelständischer Unternehmen verdeutlicht und die Ursachen aufgezeigt. Davon ausgehend suche ich nach Lösungen. Fündig geworden stelle ich Ihnen drei erfolgreiche Mittelständler vor, deren Unternehmen sich in der stürmischen See des alltäglichen Wirtschaftslebens als Leuchttürme des Mittelstands – als *M-Leuchttürme* – positioniert haben. Um eine erstrebenswerte Zukunft geht es im zweiten Abschnitt. Hier biete ich Ihnen eine Vision für den deutschen Mittelstand an und entwickle eine Strategie zur Umsetzung. In Form einer Wegkarte sind die erforderlichen Arbeitsschritte erfasst und zielführende Maßnahmen im Rahmen einer Mittelstandsinitiative beschrieben. Im dritten Abschnitt ist dargestellt, wie und womit der Aufbruch in die Zukunft gestaltet werden kann und welche Kompetenzen von den beratenden Begleitern einzubringen sind. Letztlich möchte ich im vierten Abschnitt aufzeigen, welchen Weg ein „klassisches" Wohnungsunternehmen gegangen ist, um sich zu einem *M-Leuchtturm* – einem kundenorientierten Dienstleister rund um die individuelle Lebensqualität „Wohnen" – zu entwickeln.

Mit dem Buch möchte ich Ihnen einen zweifachen Nutzwert bieten. Erstens: Erprobtes Know-how zur Führung kleiner und mittlerer Unternehmen –, sofort praktisch nutzbar. Und zweitens: Klar beschriebene Persönlichkeitsstrukturen und Motive der Handlungsträger. Erkenne dich selbst und andere auch –, so lautet hier der Nutzwertansatz. Damit möchte ich Sie aus den Ruinen der Gewohnheit herauslocken und verführen, das eigene Denken und Handeln zu hinterfragen und es bei Bedarf unternehmerisch zu erneuern. Den Nutzwert habe ich in verschiedenen Formen aufbereitet und dargestellt. So finden Sie eine Vielzahl von „Info-Kästen". Hier sind Wissen, Kenntnisse und Fakten im Angebot. Als „Notizen" werden Fragestellungen, Annahmen und Interpretationen festgehalten. Erfolgreiche Mittelständler kommen in kurzen „Interviews" zu Wort. Und schließlich dürften die „Beispiele" mit Bezug auf den Katalog „Innovative Leistungskennzahlen" (Anhang) wertvoll sein. Bitte bedienen Sie sich. Nutzen Sie den Nutzwert.

Beim Lesen wünsche ich Ihnen anspruchsvolle und anregende Unterhaltung. Möge die eine oder andere Orientierung und Handlungsanleitung hilfreich sein.

Mein besonderer Dank gilt meiner lieben Frau. Sie hat mir bei der Arbeit am Buch stets hilfreiches Feedback gegeben und mich in dieser Zeit von allen Unannehmlichkeiten des Alltags fern gehalten. Meinen Kindern, Freunden und guten Bekannten danke ich herzlich für die Hinweise und Anregungen. Stellvertretend nenne ich hier Frau Dipl.-Ing. Kathrin Grobelnik und Herrn Dipl.-Ing. (FH) Peter Büllesbach. Bei Frau Petra Tröger, Geschäftsführerin der P.T. Verlag und Co. KG, und Herrn Dr. Helfried Schmidt, Chefredakteur P.T. MAGAZIN, darf ich mich für die hervorragende Zusammenarbeit beim Konzipieren, Gestalten und Publizieren der Interviewreihe „Unternehmer mit Weitblick" bedanken. Der Books on Demand GmbH danke ich für die vorbildlichen Leistungen rund um die Herstellung und den Vertrieb des Buchs.

Leipzig, November 2005　　　　　　　　　　*Dr. oec. habil. Jörg Schumann*

Haben Sie Fragen, Hinweise oder Anmerkungen zum Buch?
Dann nehmen Sie bitte Kontakt zu mir auf:
schumann@mut-zum-Aufbruch.de
Nutzen Sie auch die Dialogmöglichkeiten der Website
www.mut-zum-aufbruch.de

Prolog

Alle Jahre wieder werden sie veröffentlicht – die statistischen Daten zu Insolvenzen von Unternehmen in Deutschland. Und alle Jahre wieder gleicht sich das Bild: Bei anhaltend schlechten wirtschaftlichen Rahmenbedingungen steigt die Zahl der Firmenpleiten stetig oder stagniert, wie gegenwärtig, auf hohem Niveau.

Der Blick auf die vergangenen drei Jahre verdeutlicht die Aussage: Waren im Jahre 2002 insgesamt 37579 Unternehmen von Insolvenzen betroffen, so stieg deren Zahl im Folgejahr auf 39320. Das Jahr 2004 brachte keine Entwarnung: 39213 Firmen gingen hier Pleite. Das sind die Fakten. Doch was verbirgt sich dahinter? Als ich darüber nachdachte, klingelte das Telefon. Peter Stieglitz, der Präsident eines Arbeitgeberverbands, wollte mich sprechen. Er war gerade dabei, ein Forum zum Thema „Quo vadis, deutscher Mittelstand?" vorzubereiten.

„Das ist doch sicher interessant für Sie", vermutete Stieglitz.

„Wohl kaum. Wirtschaftspolitische Themen reißen mich nicht vom Hocker. Hier werden ja doch nur allgemeine Statements abgegeben. Eine bunte Mischung aus Unverbindlichem und Verzichtbarem", so meine Antwort.

Doch Stieglitz blieb dran: „Nun hören Sie sich doch erst mal die Themen an. Es geht um das Engagement von Politik und Wirtschaft für den deutschen Mittelstand sowie um das Erhalten und Schaffen von Arbeitsplätzen."

„Hm", brummte ich. Stieglitz überhörte meinen verhaltenen Beifall und fasste nach. „Ein Thema habe ich noch nicht genannt. Es lautet ‚Unternehmer oder *Unterlasser*?'. Wir wollen hier versuchen, einen Wirkungszusammenhang von Unternehmerpersönlichkeit und Unternehmenserfolg aufzuzeigen. Mit Blick auf die Pleitewelle in Deutschland ist das sicher ein interessanter Aspekt."

Mein „Hoppla" brachte Stieglitz dazu, sich deutlicher auszudrücken: „Klar, das Thema ist brisant. Dennoch, wir sollten bei unseren Unternehmern die Erkenntnis befördern, dass neben dem Tagesgeschäft der Blick in die Zukunft ihrer Firmen unverzichtbar ist. Ich denke, hier ist immens viel zu tun."

Die Worte des Präsidenten beeindruckten mich. „Was halten Sie davon, einen Vortrag zu diesem Thema zu übernehmen?", kam er zum Punkt. Ich zögerte mit der Antwort. Richtig, ich kannte mich hier etwas aus. Richtig war aber auch, dass ich noch nie vor einem größeren Hörerkreis gesprochen hatte. Wie auch, das Thema interessierte mich. Und Stieglitz ist ein netter Kerl. Also sagte ich zu.

„Wir können ja nochmals telefonieren und uns zum Inhalt kurz verständigen", so der Präsident.

Ich begann, den Vortrag vorzubereiten. Die Strategie war klar. Ich wollte keinen Schmusekurs und keine Leisetreterei. Ganz im Gegenteil. Wachrütteln und vielleicht sogar provozieren, das wollte ich. Die Faktenlage schien mir einfach zu kritisch zu sein. Sie ungeschminkt zu verdeutlichen und unternehmerische Schlussfolgerungen einzufordern – das waren meine Ziele. Um sie zu erreichen, werde ich die wesentlichen Aussagen des Vortrags mittels Folien visualisieren und sie den Teilnehmern als Hand-out mitgeben, dachte ich. Nachlesen und Überdenken ist ja immer gut.

Doch womit sollte ich beginnen? Die aktuellen Insolvenzzahlen und der Trend müssten für die Teilnehmer interessant sein. Von Interesse ist wohl auch, zu welchem Anteil der Mittelstand von den Insolvenzen betroffen ist. Schließlich handelte es sich ja um ein Mittelstandsforum. Diesen Anteil kannte ich jedoch nicht. Also fragte ich beim Statistischen Bundesamt nach. „Sie sind bei uns völlig richtig. Wir erfassen und veröffentlichen jährlich die Zahl insolventer Unternehmen in Deutschland, gegliedert nach Wirtschaftszweigen, Rechtsformen und Bundesländern", teilte mir ein freundlicher Herr mit. „Den Anteil des Mittelstands erfassen wir aber nicht", fügte er bedauernd hinzu.

„Warum eigentlich nicht? Der Mittelstand ist doch das Rückgrat unserer Wirtschaft. So heißt es doch immer", grummelte ich.

Doch der freundliche Herr blieb standhaft. „Dieser Anteil wird statistisch bei uns nicht erfasst. Das ist nun mal so." Aha!

Also musste ich einen anderen Weg der Erkenntnis wählen. Die Statistik über die Rechtsformen der insolventen Unternehmen half mir weiter. Am Beispiel des Jahres 2004 werde ich die Häufigkeitsverteilung der Insolvenzen aufzeigen, so mein Gedanke:

> # Info
>
> ## Das Jahr 2004: Verteilung der Firmenpleiten
>
> - Gesellschaften mit beschränkter Haftung (GmbH) .... 48,3 %
> - Einzelunternehmen* .... 41,6 %
> - Personengesellschaften (OHG, KG) .... 7,8 %
> - Aktiengesellschaften, KGaA .... 1,1 %
> - Sonstige Rechtsformen .... 1,2 %
>
> * (einschl. nicht ins Handelsregister eingetragener Unternehmen sowie Kleingewerbe und Freie Berufe)
>
> Quelle: Statistisches Bundesamt Deutschland (www.destatis.de)

Darlegen wollte ich auch, dass die Unternehmen der Rechtsform GmbH bereits über Jahre hinweg die deutsche Pleitenliste anführen (2002: 52,6 %, 2003: 51,0 %, 2004: 48,3 %). Logisch, dass ich mich auf den Listenführer konzentrierte. Ich wollte wissen, wie hoch der Anteil der inhabergeführten GmbH am gesamten Insolvenzaufkommen aller GmbHs ist. Schließlich ist es ja ein erheblicher Unterschied, ob der Inhaber die Geschicke seines Unternehmens eigenhändig lenkt und leitet oder ob er einen Fremdmanager als Geschäftsführer anstellt. Meine Absicht war, Stieglitz' Gedanken zum Wirkungszusammenhang vom Erfolg bzw. Misserfolg eines Unternehmens und der Unternehmerpersönlichkeit als Entscheidungs- und Verantwortungsträger aufzugreifen und weiterzuführen.

Und wieder die gleiche Prozedur am Telefon: Statistisches Bundesamt. Freundlicher Herr. Meine Frage. Seine Antwort: „Das wird statistisch nicht erfasst. Tut mir leid." Und freundlich, wie der Herr nun einmal war und hoffentlich noch ist, verwies er mich weiter. Doch auch dieser Versuch brachte nichts. Ebenso erfolglos telefonierte ich mit einem Vertreter der hiesigen Industrie- und Handelskammer. Auch hier Fehlanzeige. Seine Antwort war kurz und bündig: „Das wird nicht erfasst. Der Anteil ist unbekannt. Auf Wiederhören!"

Zugegeben, mein vergebliches Bemühen blieb nicht ohne Wirkung. Ich ergriff mein Notizbuch und hielt voller Unbehagen fest:

> # Notiz
>
> ## Warum eigentlich ...
>
> ... wird die Inhaberführung von GmbHs statistisch nicht erfasst?
>
> ... wird die interessierte Öffentlichkeit nicht darüber informiert, wie hoch der Anteil jener Unternehmen ist, in welchen der oder die Eigentümer persönlich die Unternehmenspolitik und Geschäftsführung bestimmen, verantworten und – im Insolvenzfall – „vergeigen"?
>
> ... wird diese Information nicht genutzt, um aus erfolglosen Inhaberführungen praktische Schlussfolgerungen für die am Markt agierenden Unternehmen abzuleiten mit dem Ziel, die Zahl der Insolvenzen deutlich zu senken?

So verschieden die Menschen nun einmal sind, so unterschiedlich sind auch die Denk- und Handlungsmuster der Firmeninhaber. Dieses „Anderssein" hat dramatische Folgen. Die einen konzentrieren sich auf das Hier und Heute, auf das Tagesgeschäft. Einem „Blick über den Tellerrand", auf das Dort und Morgen, in eine vorstellbare Zukunft ihrer Unternehmen, verwehren sie sich. Sie können ja nur eines richtig tun, so ihr Standpunkt. Ergo: Keine Zeit, kein Geld für anderes. Alles für das Tagesgeschäft! So erleben wir sie tagtäglich – die ausschließende „Entweder-oder"-Falle: Tagesgeschäft oder Zukunft, Sekt oder Selters, Barfuß oder Lackschuh, alles oder nichts. Die anderen tun beides. Sie managen das Tagesgeschäft. Und sie gestalten die Zukunft ihrer Unternehmen mit strategischem Weitblick, Mut und ruhiger Hand. Für sie gibt es ein ausgewogenes „Sowohl-als-auch".

Bitte verstehen Sie mich nicht falsch. Aus eigener Erfahrung weiß ich nur zu gut, welchen Aufwand das operative Management erfordert. Die Finanzen eines Unternehmens zu steuern, Kunden zu gewinnen und zu binden, Geschäftsprozesse zu managen und Mitarbeiter zu führen – das sind keine Kleinigkeiten. Darauf müssen sich die Inhaber kleiner und mittlerer Unternehmen konzentrieren. Das tun sie ja auch. Die Frage ist nur, ob das ausschließlich geschieht. Oder ob die Chefs – gleichsam zum Tagesgeschäft – die Weichen für die Zukunft ihrer Unternehmen stellen. Hier scheiden sich die Geister. Und genau das ist der Knackpunkt!

Liegt hier etwa ein generelles Führungsversagen in vielen Unternehmen des deutschen Mittelstands vor? Sind die den Arbeitsplatz und die Existenz vernichtenden Firmenpleiten nicht oft „hausgemacht"? Sind sie etwa gar ein Symptom für einen tiefer gehenden Missstand, nämlich das Defizit an unternehmerischem Denken und Handeln in der Einheit von strategischer Führung und operativem Management?

Genau diese Fragen werde ich den Mittelständlern stellen. Ihre Verantwortung gebietet, entsprechende Antworten zu finden. Doch, das ist derzeit wohl eher Ausnahme denn Regel!

Apropos, „Hausgemachtes". Viele Firmenpleiten müssten nicht sein, wenn die beiden Seiten erfolgreicher Unternehmensführung ganzheitlich gehandhabt würden. Hier mein klares Bekenntnis zum operativen Management. Das Tagesgeschäft muss sein! Doch – darüber hinausgehend –, mein ebenso klares Bekenntnis zur strategischen Führung. Auch Zukunft muss sein! Und: Sie ist gestaltbar!

Für den Schluss des Vortrags nahm ich mir vor, nochmals kräftig Gas zu geben. Dafür bot sich das Thema ja an:

> **Notiz**
>
> **UNTERNEHMER ODER UNTERLASSER? DAS IST DIE FRAGE!**
>
> Jener Unternehmer, welcher ausschließlich im Tagesgeschäft verfangen ist, unterlässt es in der Regel, die Weichen für die Zukunft seines Unternehmens zu stellen. In diesem Sinne ist er ein Unterlasser.
>
> So unterschiedlich die Unternehmer und die sie prägenden Denk- und Handlungsmuster sind, so verschieden gehen die Unternehmen mit der Frage ihrer Zukunftsgestaltung um.
>
> Je stärker ein Unternehmer das Geschehen seiner Firma prägt und je mehr sein unternehmerisches Denken und Handeln über das Tagesgeschäft hinausgeht, desto größere Erfolgspotenziale kann das Unternehmen entwickeln und desto weniger ist dessen erfolgreicher Fortbestand gefährdet.

Zugegeben, bei dieser „Frage aller Fragen" hatte ich einige Bedenken. War sie nicht zu hart formuliert, überzeichnet, gar ungerecht? Bestand hier nicht die Gefahr, einige Teilnehmer des Forums wissentlich vor den Kopf zu stoßen?

Ein Telefonat mit dem Präsidenten räumte meine Zweifel aus. „Sagen Sie es bitte genau so. Das macht anschaulich. Ich bin sicher, die Unternehmer können damit gut umgehen. Schließlich wollen wir ja bei ihnen die Erkenntnis befördern, dass Tagesgeschäft und Zukunftsgestaltung zwei Seiten ein und derselben Medaille sind", bestärkte mich Stieglitz. Also beließ ich die Formulierung und beendete meine Vorbereitung. Ich war voller Zuversicht, das Mittelstandsforum gesund und munter zu überleben.

DIE GEGENWART ANALYSIEREN

Die Probleme erkennen

Wir schrieben die 23. Kalenderwoche. Es war Samstagmorgen. Mehr als 300 Repräsentanten kleiner und mittlerer Unternehmen aus den verschiedensten Bundesländern hatten sich zum Forum eingefunden. Das Thema „Quo vadis, deutscher Mittelstand?" war höchst aktuell. Eine wegweisende Orientierung sollte gegeben werden. Kein Wunder, dass die Teilnehmerzahl die Erwartungen des Veranstalters deutlich übertraf.

Zu Beginn stand die Wirtschaftspolitik auf der Tagesordnung. Die Teilnehmer hörten hin, applaudierten verhalten, meist gelangweilt. Dann kam mein Part. Ich war gut vorbereitet. Der Beamer war für die Präsentation bestens positioniert. Ein Glas Wasser stand in Reichweite. Was also sollte schief gehen? Trotzdem, aufgeregt war ich schon.

„Alles Gute. Toi, toi, toi!", so der Präsident. Dann stellte er mich dem Auditorium vor. Und ich begann. Der Anfang verlief recht gut. Ich merkte, die Teilnehmer folgten mir. Die Insolvenzzahlen interessierten. Meine Fehlstarts in Sachen Statistik hellten die Gesichter auf.

Doch dann kam ich zum Wirkungszusammenhang. Hier sprach ich die Unternehmer als Entscheidungs- und Verantwortungsträger direkt an. Einige Mienen verdüsterten sich zusehends. Als ich mich schließlich der „Frage aller Fragen" zuwandte, wirbelte ich wohl etwas zu viel Staub auf. Ich spürte, dass viele Teilnehmer irritiert waren. Sie fühlten sich irgendwie angegriffen. Einige waren sogar empört. Ich sah aber auch nach vorn geneigte Köpfe, die Interesse und Zustimmung signalisierten. Das erregte Getuschel im Saal konnte mich nicht davon abhalten, den Vortrag wie vorgesehen zu beenden.

Dann kam die Diskussion: Feuer frei! Schade eigentlich, dass ich das Gesagte nicht im vollen Wortlaut wiedergeben kann. Hier also nur die wesentlichen Passagen:

„Ich möchte Ihnen ja in keiner Weise zu nahe treten. Aber wie kommen Sie denn eigentlich dazu, gestandene deutsche Unternehmer als *Unterlasser* zu brandmarken?", so der erste Diskussionsredner mit hochrotem Kopf, der für seine Äußerung starken Beifall erntete.

Ein sofortiges Beantworten der „Frage" war nicht vorgesehen. Stieglitz hatte darum gebeten, die Antworten am Schluss der Diskussion im Block geben zu können. So setzte ein zweiter Redner in gleicher Gangart fort: „Wissen Sie, wir leben ja sprichwörtlich von der Hand in den Mund. Fast 12 Stunden tägliche Arbeit. Und das schon über Jahre hinweg. Mehr als arbeiten können wir doch nicht, oder?" Auch dieser Redner erhielt Zustimmung und Beifall.

Wie auf Knopfdruck setzte ein Dritter noch einen drauf: „Hören Sie doch auf mit Ihrem Zukunftsgerede. Wir leben doch wohl zuallererst in der Gegenwart. Hier und heute spielt die Musik. Und hier und heute läuft das Tagesgeschäft. Und hier und heute herrscht der ruinöse Preiskampf, der alles kaputtmacht. Das müssten Sie mal erleben." Wiederum registrierte ich Applaus im Saal.

„Es ist doch kein Wunder, dass unsere Unternehmen kaputtgehen. Die Zahlungsmoral der Auftraggeber hat sich in den letzten Jahren spürbar verschlechtert. Wir haben erhebliche Außenstände. Unsere Auftraggeber weigern sich zu zahlen. Sie behaupten, wir hätten ihnen Leistungen in Rechnung gestellt, die nicht vereinbart waren. Dabei hatten sie selbst diese Leistungen im Fortgang der Arbeit gefordert. Es ist ein Skandal", erregte sich ein Vierter. Auch er erhielt Zustimmung.

Ich geriet zunehmend unter Druck. Endlich kam die Entlastung. Eine Dame aus dem hinteren Teil des Saals ergriff das Wort: „Der Referent hat interessante Sachverhalte dargestellt. Wir dürfen nicht gleich alles ablehnen. Vielmehr sollten wir intensiv über das Gesagte nachdenken und eigene Schlussfolgerungen ziehen. Für mich und mein Unternehmen sind einige Gedanken sehr wertvoll. Den Vortrag verbuche ich als Zugewinn." Die Meinung wurde mit zaghaftem Applaus quittiert.

Ein weiterer Teilnehmer fühlte sich durch die Vorrednerin ermutigt. Er stellte eine Frage nach dem strategischen Weitblick: „Sagen Sie bitte, wie sollen wir denn unsere Zukunft gestalten, die wir weder kennen noch erahnen. Wir sind doch Unternehmer und keine Wahrsager mit prophetischer Kraft. Was also meinen Sie mit strategischem Weitblick? Und wie soll dieser praktisch umgesetzt werden?"

Einige Teilnehmer signalisierten Interesse an einer Antwort. Doch dazu kam es nicht. Die Diskussion sprengte den zeitlichen Rahmen. Der Tenor war klar: Ablehnung und Zustimmung hielten sich in etwa die Waage. Aber auch weiterer Klärungsbedarf wurde deutlich signalisiert.

Die Gemengelage gab mir zu denken. Wer oder was wurde abgelehnt? Meine Aussagen oder ich? Wie auch immer. Eine Tasse Kaffe wäre jetzt ganz gut, empfand ich.

In der Cafeteria setzte sich Peter Stieglitz zu mir. Klar, dass ich ihn fragte, wie er die Reaktionen auf meinen Vortrag empfunden habe. Ohne die Antwort abzuwarten, fügte ich hinzu: „Ich bin schon etwas enttäuscht, das muss ich sagen. Ich hatte von den Unternehmern mehr Gespür für Logik und Weitblick erwartet. Meine Aussagen waren sachlich und klar. Die Teilnehmer hätten sie doch problemlos nachvollziehen können, oder?"

„Hm", antwortete Stieglitz und schob ein „Jein" hinterher. Ich schaute ihn verdutzt an. „Können Sie mir Ihr ‚Jein' übersetzen?"

„Aber gern. Was halten Sie davon, wenn wir dazu ein Glas Wein trinken?"

Der Vorschlag gefiel mir. Nach einem freundlichen „Zum Wohl" sagte Stieglitz: „Ich verstehe ja Ihre Befindlichkeit. Mir ist auch klar, dass Sie von den Reaktionen einiger Teilnehmer genervt sind. Ich frage Sie mal ganz direkt: Wieso glauben Sie denn eigentlich, dass die Teilnehmer genau so ‚ticken' wie Sie?"

„Was heißt denn ‚ticken'?", wollte ich wissen.

„Glauben Sie denn ernsthaft, dass alle Menschen das gleiche Gespür für Ihre Objektivität, Ihre Logik und Ihre Sicht auf die Dinge haben?", konterte Stieglitz, das „Ihre" betonend.

Ich überlegte kurz. „Natürlich nicht. Worauf wollen Sie denn hinaus?"

„Ich will sagen, dass Sie die Teilnehmer überfordern, wenn Sie genau das erwarten. Nicht jeder Mensch wird vom Kopf her gesteuert. Und nicht wenige Unternehmer bringen viel Herz und Gefühl in ihr Business ein. Sie bewerten Aussagen wie die Ihrigen meist emotional und direkt auf die eigene Person bezogen. Versuchen Sie doch mal, deren Befindlichkeiten zu verstehen."

Irgendwie fühlte ich mich ungerecht behandelt. Schließlich hatte mich der Präsident ja aufgefordert, die Dinge anschaulich zu machen und Klartext zu reden.

Merkwürdig! Wir saßen noch eine Weile zusammen und sprachen über die Verschiedenartigkeit des Denkens und Handelns. Erst Tage später wurde mir klar, was Stieglitz mir auf den Weg mitgegeben hatte:

> # Notiz
>
> ### Ich musste lernen, ...
>
> ... die Persönlichkeit anderer Menschen sowie bevorzugte Denk- und Handlungsmuster besser wahrzunehmen,
>
> ... mich in die Gefühle, Befindlichkeiten, Erwartungen und Wünsche meiner Mitmenschen hineinversetzen zu können, um darauf angemessener zu reagieren.

In der Tat! Mein Interesse galt mehr neuen Ideen, Konzepten, Möglichkeiten und Herausforderungen. Dabei sah ich die Menschen – die Träger der Ideen – mit ihren „persönlichen Dingen" zwar auch, jedoch nicht vordergründig. Aber eben diese „Dinge" sind es ja, die für viele Menschen so immens wichtig sind. Genau das musste ich erkennen und beachten. Ich musste also gegen mein eigenes Ich vorgehen. So lautete meine Hausaufgabe.

Die Hausaufgabe für die Teilnehmer war, über das auf dem Forum Gesagte nachzudenken und eigene unternehmerische Schlussfolgerungen abzuleiten, so, wie es die Dame in der Diskussion angeregt hatte.

Zugegeben, die Frage nach dem „Quo vadis" war offen geblieben. Dennoch, das Forum hatte aktuelle Probleme des deutschen Mittelstands benannt und deren Ursachen aufgezeigt. Und es hatte mit einem Tabu gebrochen: Erstmals standen vor dem Hintergrund der anhaltenden Pleitewelle hausgemachte, „unterlasserische" Denk- und Handlungsmuster kritisch im Fokus. Und erstmals wurde der Wirkungszusammenhang von Unternehmerpersönlichkeit und Unternehmenserfolg bzw. Misserfolg mit seinen Konsequenzen derart beleuchtet. Die schlechten wirtschaftlichen

Rahmenbedingungen wurden zwar angeprangert, jedoch nicht als ausschlaggebender Insolvenzgrund thematisiert. Welch ein Fortschritt in deutschen Landen!

So wirkte das Mittelstandsforum in doppelter Hinsicht. Einerseits bei mir. Ich begann, an meiner *emotionalen Kompetenz* zu arbeiten. Und andererseits beim Regionalkreis mittelständischer Unternehmer, dessen Geschäftsführerin fragte, ob ich zum nächsten Unternehmerstammtisch die Grundgedanken meines Vortrags nochmals darlegen und vielleicht auch untersetzen könne. Das konnte und wollte ich gern tun.

Nach Lösungen suchen

Es war am Mittwoch der 25. Kalenderwoche. Pünktlich 19 Uhr trafen sich die Inhaber mittelständischer Firmen zum Unternehmerstammtisch. Der Treff hatte bereits Tradition. Sein guter Ruf strahlte weit über die Region hinaus. Dass dafür der Begriff „Stammtisch" gewählt wurde, befremdete mich anfangs. Handelte es sich doch um keinen Stammtisch bekannter Art mit Wirtshausparolen und Bierdunst. Ganz im Gegenteil. Höchst konstruktiv wurden Probleme und Lösungen des Managements und der Unternehmensführung diskutiert. Verpönt waren allgemeines Larifari im Stil politischer Sonntagsreden, destruktives Ossi-Wessi-Palaver und eitle Selbstdarstellung. Wer nichts zu sagen hatte, schwieg. Smalltalk war im fachlichen Teil nur als Pausenfüller zugelassen.

Gekommen waren diesmal 26 Unternehmer. Ein Wirtschaftsjournalist war als Gast zugegen. Die Moderation übernahm die Geschäftsführerin des Regionalkreises. Ohne sich lange bei der Vorrede aufzuhalten, übergab sie mir das Wort. Ich hatte an meiner Hausaufgabe gearbeitet. Meine Aussagen formulierte ich sachlich und klar. Gleichwohl versuchte ich, die Anwesenden auch emotional mitzunehmen. Das gelang mir einigermaßen.

Jürgen Brade, der Chef eines Wohnungsunternehmens, stieg als Erster in die Diskussion ein: „Sicher erinnern sich die Anwesenden, dass ich auf dem Forum die Frage nach dem strategischen Weitblick gestellt hatte. Im Nachgang habe ich die Problematik nochmals durchdacht." Und an mich gewandt, fuhr er fort: „Wenn Sie *Unterlasser* am unterlassenen Weitblick in die Zukunft festmachen, so kann ich das bestenfalls begrifflich nachvollziehen. Als Unternehmer muss ich jedoch gegen diese Bezeichnung entschieden protestieren. Ich tue alles und unterlasse nichts, um meine Firma tagtäglich vor Verlusten aus Mietrückständen und Wohnungsleerstand zu schützen. Beim besten Willen, mir bleibt einfach keine Zeit für den sicher notwendigen, aber für mich kaum machbaren Weitblick."

Zu diesem Punkt diskutierten wir lange. In der Sache waren sich alle einig: Auch bei kleinen und mittleren Unternehmen sind sowohl die strategische Führung als auch das operative Management erforderlich, um das Business dauerhaft in Schwung zu halten. Unklar war, wie und womit die beiden Seiten der Medaille verbunden werden können.

„Wir kommen hier nicht weiter. Vielleicht sollten wir diese Diskussion an anderer Stelle fortsetzen", so die Moderatorin. Geschickt kam sie zum Ausgangspunkt meines Vortrags zurück.

Jetzt ergriff Peter Stieglitz das Wort: „Die Pleiten haben viel mit den Firmeninhabern selbst zu tun. Fakt ist doch, dass in einem kleinen oder mittleren Unternehmen das Wesentliche vom Chef bestimmt wird. Und die Chefs sind nun mal verschieden voneinander."

Dem stimmte Steffen Böhme, der Inhaber eines Strickwarenunternehmens, zu. „Viel zu oft werden die gegebenen Rahmenbedingungen als Insolvenzursache ins Feld geführt. Klar, sie sind wichtig. Entscheidend jedoch ist für mich das unternehmerische Denken und Handeln der Mittelständler selbst. Das Insolvenzproblem wird wohl eher im Kopf zu lösen sein als durch die Wirtschaftspolitik. Der Kopf muss mitspielen. Das ist es!"

Martin Spengler, der Wirtschaftsjournalist, zückte Bleistift und Notizblock. Das war Klartext. Den hörte er nicht alle Tage. „Würden Sie die Meinung so teilen?", fragte er interessiert in die Runde.

Die Anwesenden nickten mehrheitlich. „Warum eigentlich greifen wir diese Thematik nicht mehr in den Medien auf?", meinte Spengler hörbar, doch wohl eher an die Adresse seiner Berufskollegen gerichtet.

„Führung mit Weitblick, Mut und ruhiger Hand ist für mich ganz entscheidend", nahm Grit Sonntag, die Chefin einer Armaturenfabrik, den Faden auf. Sie war jene Dame, welche auf dem Forum für meine Aussagen Partei ergriffen hatte.

„Was verstehen Sie denn unter ‚Führung mit Weitblick, Mut und ruhiger Hand'? Das hörte ich doch erst kürzlich von einem deutschen Spitzenpolitiker", wollte Spengler wissen.

„Ich verwende keine Politikerstatements. Zu dem, was ich sagte, haben wir in unserem Unternehmen eine klare Strategie", antwortete Grit Sonntag selbstbewusst.

Ich saß unweit von Spengler entfernt und konnte sehen, wie er Frau Sonntag einen Zettel zuschob. Ob er mit ihr ein Interview vereinbaren könne, stand darauf. Das auf die Rückseite des Zettels gekritzelte „Ja, gern" konnte ich entziffern.
„Ich möchte gern ein anderes Thema ansprechen", ergriff ein jüngerer Unternehmer das Wort. „Gegenwärtig verlagern deutsche Mittelständler erhebliche Ressourcen ins östliche Ausland. Es lohnt sich ja offensichtlich, dort zu investieren. Hat da schon jemand Erfahrung gesammelt?"

Stieglitz bejahte. Fünf weitere Anwesende ebenso. Der Fragende beugte sich interessiert vor, eine Antwort erwartend. Stattdessen erntete er lebhaften Widerspruch.

„Also, hierzu möchte ich etwas Grundsätzliches sagen. Unser Unternehmen hat sich entschieden. Wir bleiben hier und produzieren nur in Deutschland. Unsere Mitarbeiter leben nun mal hier. Sie sind unser wichtigstes Kapital. Sie brauchen uns. Und wir brauchen sie", so Grit Sonntag.

„Ich habe mein Unternehmen mit den hier lebenden Menschen aufgebaut. Es ginge zutiefst gegen mein Innerstes, meine Mitarbeiter so einfach auf die Straße zu setzen. Danke. Aus. Alles Gute. Ich gehe nach Osteuropa. Das wäre unmoralisch. Hier zu bleiben heißt, mich hier unternehmerisch zu engagieren. Für meine Region, für meine Kunden und für meine Mitarbeiter", ergänzte Böhme.

Spengler notierte eifrig. Die geben sich ja sogar patriotisch, gut, dass ich hier bin. Das wird eine Story, die ich gut vermarkten kann, schien er zu denken. „Erlauben Sie, dass ich nachfrage. Ich verstehe ja Ihren Patriotismus, wenn ich das so ausdrücken darf. Aber, sagen Sie bitte, ist das nicht recht blauäugig? Sind denn erheblich reduzierte Arbeitskosten nicht auch für einen deutschen Mittelständler interessant?", hakte er nach.

„Nennen Sie es, wie immer Sie wollen. Die Kosten sind wichtig, auch für mich. Aber es gibt eben noch andere Werte. Nicht nur monetäre. Fakt ist doch wohl, dass eine Region nur dann leben kann, wenn in ihr auch wertschöpfende Arbeit verrichtet wird. Wir können nicht nur konsumieren. Wir müssen auch produzieren. Ohne wertschöpfende Arbeit verliert die Region, verliert Deutschland. Das wird oft übersehen", so Böhme mit Pathos in der Stimme.

Seine Worte verfehlten ihre Wirkung nicht. Nachdenklichkeit machte sich breit. Und Böhme setzte fort: „Das größte Problem jedoch ist, dass es immer weniger inhabergeführte Unternehmen in Deutschland gibt. Das hat sicher etwas mit persönlicher Verantwortung zu tun. Sie zu übernehmen, heißt konsequent unternehmerisch zu denken und zu handeln. Denn letztlich kann die persönliche Verantwortung zum Verlust des gesamten Eigentums des Unternehmers führen."

An dieser Stelle bahnte sich eine politische Grundsatzdiskussion an. Das wollte die Moderatorin verhindern. Also fragte sie nach weiteren Wortmeldungen.

„Ich habe ja auf dem Forum das ganze Zukunftsgerede deutlich abgelehnt und meine Meinung zum Primat des Hier und Heute gesagt. Und ich habe den ruinösen Preiskampf angesprochen, der alles kaputtmacht. Wie sehen Sie denn das? Werden Sie auch über die Preise gedrückt?", fragte ein Teilnehmer des Forums in die Runde.

Das Preisthema erregte die Gemüter. Die Anwesenden redeten kreuz und quer. Fast schien es, als sei der im ersten Diskussionsteil als so wichtig erkannte strategische Weitblick völlig in Vergessenheit geraten. Und wieder war es Grit Sonntag, die das Gespräch prägte: „Auch wir sollten als Zulieferer unsere Preise um 5 bis 10 % senken. So die Forderung der Kunden. Das taten wir jedoch nicht. Wir hielten konsequent an unserem Preis-Leistungs-Verhältnis fest."

„Und worauf gründen Sie diese Position der Stärke bei Ihrer Preispolitik?", wollte Spengler wissen.

„Nun, unsere Firmenphilosophie lautet: Kein Kunde darf über eine längere Zeit, d. h. über 2 oder 3 Jahre hinweg, mehr als 10 % Anteil an unserem Umsatzerlös haben. Alles andere macht uns abhängig. Wir wollen keine Abhängigkeiten. Und wir akzeptieren kein Preisdiktat. Wenn ein Kunde meint, uns einen Preis diktieren zu müssen, sind wir eher bereit, das eine oder andere Mal auf einen Auftrag zu verzichten", sagte die engagierte Unternehmerin. So etwas wie Stolz schwang in ihrer Stimme mit.

Verdutzte Gesichter am Tisch. Das klang ja recht abgehoben, wo doch fast jeder fast jedem Auftrag nachläuft und den Preis bis zur Schmerzgrenze reduziert, dachten wohl die Meisten.

„Wollen Sie damit sagen, dass Sie einen A-Kunden, der Ihre Umsatzanteilgrenze überschreitet, nicht mehr bedienen?", fragte die Moderatorin etwas spitz.

„So ist es. Wir hatten beispielsweise einen Kunden, der über drei Jahre hinweg von 14 auf 17 % Umsatzanteil kontinuierlich wuchs, ohne dass ein Projektgeschäft vorlag. Nach intensiven Gesprächen, in denen wir diesem Kunden unsere Philosophie verdeutlichten, haben wir im gegenseitigen Einvernehmen den Umsatzanteil zurückgefahren."

„Sie sagen das sehr bestimmt. Sind Sie hier nicht etwas zu kategorisch", fasste Spengler nach.

Die Unternehmerin antwortete: „Nein, ich glaube nicht. Wir haben nun mal unsere Firmenphilosophie. Und die leben wir auch."

Grit Sonntags Aussage beeindruckte die Anwesenden. Ich war mir ganz sicher, dass sich die Mehrheit gefragt hat, welche Philosophie eigentlich ihr unternehmerisches Denken und Handeln prägt. Hatten sie überhaupt etwas Derartiges?

Als sich der Stammtisch langsam auflöste, sah ich Martin Spengler mit Peter Stieglitz und Steffen Böhme diskutieren. Spengler versuchte, beide zu einem Interview zu überreden. Das gelang ihm auch.

In der Folgewoche stellte ich fest, dass die Reaktion der Medien recht erfreulich war. Das Mittelstandsforum und der Unternehmerstammtisch wurden positiv reflektiert. Keine Trübsal, kein Jammern, keine Schuldzuweisungen. Vielmehr bekannten sich Inhaber mittelständischer Firmen dazu, die eigene Zukunft selbst gestalten zu wollen und das auch zu können. Trotz – oder gerade wegen – der schlechten wirtschaftlichen Rahmenbedingungen!

Haben sich hier etwa kleine und feine Leuchttürme im Grau-in-Grau des mittelständischen Wirtschaftslebens positioniert? Diese Frage interessierte mich brennend. Ihr werde ich nachgehen, beschloss ich.

Apropos „Leuchtturm". Bisher las und hörte ich den auf die Wirtschaft bezogenen Begriff nur im Zusammenhang mit Fördermittel verschlingenden Großunternehmen und Konzernen, vor allem im Osten Deutschlands. Die Leuchtturmpolitik einzelner Bundesländer steht ja für eine derartige Auslegung. Doch diese Interpretation erschien mir zu einseitig.

Notiz

WARUM EIGENTLICH …

… können kleine und mittlere Unternehmen nicht auch Leuchttürme der deutschen Wirtschaft sein? Oder hat hier die Konzernpolitik die Begriffshoheit?

… fungieren kleine und feine Leuchttürme des Mittelstands, kurz *M-Leuchttürme*, nicht als Vorbilder für mittelständische Unternehmen?

… werden die Erfolgskonzepte der *M-Leuchttürme* so wenig publiziert?

Derartige Fragen gingen mir durch den Kopf. Doch zurück zur Medienresonanz. Martin Spengler hatte seine Eindrücke von beiden Events gut vermarktet. In einem führenden deutschen Wirtschaftsmagazin berichtete er über das Führen von Unternehmen mit Weitblick, Mut und ruhiger Hand, benannte die Anforderungen an eine Unternehmerpersönlichkeit und zählte jene unternehmerischen Todsünden auf, welche mit hoher Wahrscheinlichkeit zu Firmenpleiten im Mittelstand führen. Seinen Artikel rundete er mit drei Interviews ab. Als ich sie las, musste ich Spenglers journalistisches Gespür für das Besondere anerkennen. Mit Grit Sonntag, Peter Stieglitz und Steffen Böhme hatte er kompetente

Interviewpartner gefunden. Sie wissen, wovon sie reden. Strahlen unter ihrer Führung vielleicht drei *M-Leuchttürme* in der stürmischen See des mittelständischen Wirtschaftslebens?

Das schaue ich mir genauer an, dachte ich und startete den Versuch, die Chefs und deren Unternehmen näher kennen zu lernen. Ich griff zum Telefon, begründete meinen Besuchswunsch und vereinbarte die Termine. Es klappte bestens.

Die Vorbilder finden

Mein erster Besuch galt Peter Stieglitz. Um gut vorbereitet zu sein, las ich das Interview nochmals durch. Ich möchte es Ihnen gern im Auszug wiedergeben:

Im Interview: Peter Stieglitz
Vorstandsvorsitzender eines Pharmaunternehmens
und Präsident eines Landesarbeitgeberverbands

Interview

	WAS CHARAKTERISIERT HEUTE EINE UNTERNEHMERPERSÖNLICHKEIT?
Spengler:	*„Unternehmerpersönlichkeit und Unternehmenserfolg gehören für Sie ja untrennbar zusammen. Was charakterisiert denn heute eine erfolgreiche Unternehmerpersönlichkeit?"*
Stieglitz:	„Das Wichtigste ist eine optimistische Grundeinstellung. Ein Pessimist erträgt die Anforderungen der Gegenwart nicht. Er gibt irgendwann auf. Selbstverständlich muss der Unternehmer auch ein Realist sein, muss mit den bestehenden Rahmenbedingungen klarkommen. Und er muss sich auf das konzentrieren, was sein Unternehmen voranbringt. Das sind in erster Linie die Wandlungs- und Erneuerungsprozesse – auch und

gerade – bei sich selbst. So musste auch ich den kooperativen Führungsstil erst lernen. Sonst hätte die Gefahr bestanden, als Chef irgendwie außen vor zu sein und eines Tages nur noch im Wege herumzustehen. Heute nehme ich im Führungskreis meist die Rolle des Moderators wahr. Führung heißt ja auch Gedankenaustausch und Ideenfindung.

Übrigens: Eine Unternehmerpersönlichkeit, egal ob das ein Er oder eine Sie ist, muss das Unternehmen zu nachhaltigem Erfolg führen. Dazu sind strategischer Weitblick, soziale Kompetenz, ausgeprägtes Durchhaltevermögen, gute Gesundheit und familiäre Harmonie erforderlich. Und: Er oder sie muss nicht nur Geld verdienen wollen. Geld gehört dazu, selbstverständlich! Aber an erster Stelle muss das Erfüllen der unternehmerischen Aufgaben stehen. Wird dabei etwas bewegt, wird etwas verdient! Wird nichts bewegt, wird nichts verdient! Diese Einstellung muss eine Unternehmerin oder ein Unternehmer leben und erlebbar machen. Und zwar ganzheitlich, mit allen Facetten ihrer oder seiner Persönlichkeit."

Trotz dessen, dass ich den Präsidenten schon eine ganze Weile kannte, war mir seine „Denke" bisher nicht so deutlich geworden. Wir werden also allerhand Gesprächsstoff haben, dachte ich.

„Haben Sie sich gut hergefunden?", so die freundliche Begrüßung des sympathischen, sportlich wirkenden Mittfünfzigers. Stieglitz' Chefzimmer war geräumig, wirkte sehr sachlich und wohl geordnet. Im Hintergrund des Schreibtischs hing eine große Weltkarte. Der Unternehmer erkannte meinen fragenden Blick: „Wir entwickeln Spitzenprodukte und werden diese weltweit vermarkten. Gegenwärtig exportieren wir in 25 Länder. Wenn Sie genauer hinschauen, erkennen Sie die Zielländer. Ich habe sie mit Fähnchen markiert. Unseren Exportanteil bauen wir stetig aus. Aber maßvoll, in kleinen Schritten."

Hallo! Hatte Stieglitz da eben eine unternehmerische Vision aufblitzen lassen? „Spitzenprodukte entwickeln und weltweit vermarkten" – das klang ja fast so. „Wie sehen Sie denn die Zukunft Ihres Unternehmens?", fragte ich folglich.

„Sehr positiv. In den 90er Jahren haben wir erheblich investiert und eine solide Basis geschaffen. Gegenwärtig entwickeln wir innovative Produkte, die das Unternehmen in die Zukunft tragen." Stieglitz sagte das recht nüchtern, sehr sachlich. Ganz der Praktiker, ganz Realist.

Etwas später erkundigte ich mich nach den betriebswirtschaftlichen Zahlen. „Nachhaltig erfolgreich", so charakterisierte der Chef die Erfolgsbilanz seines Unternehmens mit nur zwei Worten.

„Was genau meinen Sie mit ‚nachhaltig'?"

„Unser Unternehmen schreibt über mehr als fünf Jahre hinweg schwarze Zahlen", erläuterte Stieglitz die Faktenlage. Der wirtschaftliche Erfolg des Unternehmens überzeugte mich. Doch, inwiefern prägt Stieglitz' Unternehmerpersönlichkeit den Geschäftserfolg? Auf welche Art und Weise bestimmt er die im Unternehmen vorherrschenden Denk- und Handlungsmuster? Darüber wusste ich noch nichts. Also fragte ich. Mit seiner Antwort gab mir der Chef ein Beispiel für seinen Führungsstil: „Stellen Sie doch bitte Ihre Frage den Mitgliedern der Unternehmensleitung."

Bei einer Tasse Kaffee gab mir Stieglitz dazu Gelegenheit. Und so lernte ich das Führungsteam eines Unternehmens kennen, in dem 340 Mitarbeiter beschäftigt sind und 20 Azubis jährlich die ersten Schritte im Berufsleben gehen. Besonders fiel mir auf, dass jedes Mitglied des Führungsteams seine Sicht auf die Dinge einbringt und sich ganz in den Dienst des Unternehmens stellt. Ich konnte mich davon überzeugen, dass die Führungscrew mit Peter Stieglitz an der Spitze den Unternehmenserfolg nachhaltig prägt. Ich war mir sicher, einen *M-Leuchtturm* gefunden zu haben!

Mein zweiter Besuch führte mich zu Grit Sonntag und ihrem Unternehmen. Auch hier schaute ich vorher nochmals „auf die Noten":

Im Interview: Grit Sonntag
Geschäftsführende Gesellschafterin einer Armaturenfabrik und Vizepräsidentin der Industrie- und Handelskammer einer Landeshauptstadt

Interview

WAS HEISST „FÜHREN MIT WEITBLICK, MUT UND RUHIGER HAND"?

Spengler: *„Sie verwenden den Ausdruck ‚Führen mit Weitblick, Mut und ruhiger Hand' gern. Was meinen Sie eigentlich damit?"*

Sonntag: „Richtig, ich mag ihn. Er ist für mich Programm. Wie Sie wissen, gibt es in der Wirtschaft immer Konjunkturschwankungen. Jedem Wellenberg folgt ein Wellental. Jene Unternehmen, welche erst im Tal reagieren, und dann noch hektisch dazu, werden kaum wieder einen Berg erreichen. Besser ist, noch auf dem Berg mit Weitblick nach vorn zu schauen und mit Mut und ruhiger Hand alles zu tun, um das erkennbare Tal nicht zu tief werden zu lassen. Aber genau hier liegt ja das Problem: Viele Mittelständler meinen, keine Zeit für den strategischen Weitblick zu haben. Sie sind völlig im operativen Tagesgeschäft verfangen. Nach einer Firmenpleite haben sie jedoch verdammt viel Zeit. Eigentlich schade!

Apropos Zeit. Heutzutage läuft das alles sehr schnell ab. Ich vergleiche unser Unternehmen der frühen achtziger Jahre gern mit einem alten Heuwagen. Einmal angeschoben rollte er gemächlich vor sich hin, weiter und weiter. Die Überholspur war für ihn ungeeignet. Im Verlauf der Jahre änderte sich die Situation grundlegend. Flexibilität und Schnelligkeit wurden im Wettbewerb zum absoluten Muss. Und so veränderte sich auch das Gefährt. Der gemächliche Heuwagen mutierte zum hochsensiblen Rennwagen. Doch immer galt und gilt: Der Wagen muss gesteuert werden – mit Weitblick, Mut und ruhiger Hand –, auch bei deutlich erhöhtem Tempo. Und der Steuermann muss dranbleiben und durchhalten. Wer als Unternehmer über Nacht reich werden will, muss tagsüber verdammt hart arbeiten."

Die Unternehmerin empfing mich sehr freundlich. „Wie geht es Ihnen? Sie haben ja eine lange Fahrt hinter sich", so ihre ersten Worte im Empfangsbereich.

Die kurz geschnittenen Haare, das dunkle Kostüm, die schlanke Figur und die schicke Brille – all das passte zusammen. Es wirkte feminin, stilvoll und souverän. Grit Sonntag führte mich in ihr Büro. Das war nicht so geräumig wie bei Stieglitz, aber es war persönlicher. Ich sah Blumen, Pflanzen und Bilder. Das Portrait eines gut aussehenden Mannes fiel mir auf. „Das ist mein Mann. Und dort ist sein Schreibtisch. Wir führen gemeinsam das Familienunternehmen mit 25 Beschäftigten in dritter Generation", klärte mich Frau Sonntag auf.

Ich versuchte, witzig zu sein: „Immer zusammen, beruflich und privat. Ein Horror für manche. Auch für Sie?", fragte ich lachend. Und ebenfalls lachend erwiderte sie: „Es könnte nie besser sein. Wir verstehen uns blendend, trennen nicht Berufliches und Privates. Diese Gemeinsamkeit ist für uns ein großes Glück."

„Und wie ist es bei unternehmerischen Meinungsverschiedenheiten?", wollte ich wissen.

„Natürlich sind wir manchmal unterschiedlicher Auffassung. Um der Sache willen streiten wir auch heftig. Manches Mal herrscht dann eine Weile Funkstille. Aber nach kurzer Zeit lachen wir wieder miteinander. Letztlich regeln wir alles einvernehmlich." Ich sah keinen Grund, ihr das nicht zu glauben.

„Ihr Job erfordert ja viel Kraft. Wie halten Sie sich denn fit", wollte ich mit Blick auf ihre sportliche Figur wissen.

„Ein gesunder Körper gehört nun mal dazu. Ich laufe, laufe und laufe. Langsam, lächelnd und locker. Langstrecke und Marathon", sagte die Hobbysportlerin. Dass sie Ende vierzig ist, sieht man ihr nicht an, fand ich.

Ich fragte die Unternehmerin nach den betriebswirtschaftlichen Zahlen. „Nachhaltig erfolgreich", so die kurze Antwort. Will heißen: schwarze Zahlen, so weit das Auge reicht. Mindestens seit fünf Jahren.

„Und wie sehen Sie die Zukunft?"

Frau Sonntag antwortete sehr sicher: „Wissen Sie, als Familienunternehmen sind wir geradezu verpflichtet, längerfristig zu denken und fundiert zu entscheiden. Das kurzfristige Hin und Her ist bei uns verpönt. Wir werden auch in Zukunft nicht übermäßig wachsen. Wachstum ist wichtig. Aber nicht um jeden Preis. Und schon gar nicht zu Lasten der Lebensqualität und der Familie."

Sie fügte hinzu: „Auch auf unsere Produktlinie verzichten wir nicht. Und unseren Kundenkreis werden wir erhalten und pflegen. Wir halten also generell am Bewährten fest. Dennoch bleiben wir flexibel und reagieren auf neue Markterfordernisse." Die Chefin sagte das, als sähe sie die Zukunft ihres Unternehmens klar vor sich. Keine schwammigen Konturen, keine Fata Morgana, keine Selbsttäuschung.

„Und welche Rolle spielen dabei Ihre Mitarbeiter?"

„Wir sind gegenseitig aufeinander angewiesen, das ist ja klar. Die Angestellten kommen auch mit privaten Problemen zu meinem Mann und zu mir. Oft finden wir gemeinsam eine Lösung. Sei es, dass es um einen Kindergartenplatz geht oder die flexible Arbeitszeit für einen allein erziehenden Vater. Das Miteinander schafft Vertrauen und es lässt sich so ganz gut arbeiten und leben", sagte Frau Sonntag.

Hatte ich mit dem Familienunternehmen einen weiteren *M-Leuchtturm* gefunden? Ja, ganz gewiss! Mit dieser Erkenntnis startete ich meinen dritten Firmenbesuch.

Auch Steffen Böhme begrüßte mich freundlich, beinahe herzlich. Ich schaute mich in seinem Büro um. „Oho! Hier kann man arbeiten", sagte ich verblüfft. Das gepflegte Ambiente, der individuelle Stil und die Liebe zum schmückenden Detail beeindruckten mich. Wahrscheinlich hatte ich etwas mehr Nüchternheit erwartet.

„Ja, das ist ein altes Bürgerhaus. Es steht unter Denkmalschutz. Ich habe die wesentlichen Elemente erhalten. Klar, das eine oder andere musste ich umgestalten, ohne jedoch das Gesamtbild zu verändern", klärte mich der Mittfünfziger auf. Wie er das sagte, imponierte mir, natürlich, unkompliziert und engagiert. „Kommen Sie, ich muss Ihnen etwas zeigen. Wir haben unseren Maschinenpark völlig erneuert." Was Böhme mir da präsentierte, konnte sich sehen lassen. Stolz führte er mich durch ein Produktionsgebäude mit großen Fenstern, hellen Räumen und neuester Technik.

„Sie können hier ruhig mit allen sprechen, wenn Sie das wollen."

Ich spürte, dass der Chef sehr beliebt war. Ich begriff, warum er am Unternehmerstammtisch so engagiert für seine Region gestritten hatte. Das sagte ich ihm auch.

„Ja, dieses Engagement ist für mich wesentlich. Wissen Sie, ich muss quasi gegen die Regeln meiner Branche kämpfen. Billig produziert in Fernost, aufgebügelt und etikettiert in Deutschland – so kommen ‚Made in Germany'-Produkte gegenwärtig auf den Markt. Das ist die Regel. Da bin ich wohl eher eine Ausnahme. Wir produzieren alles im eigenen Haus. Und solange ich hier der Chef bin, wird es bei uns keinen Etikettenschwindel geben. Definitiv!" Das glaubte ich ihm gern.

Zurück im Büro sagte ich zu Böhme: „Schauen Sie doch bitte mal fünf Jahre voraus. Welche Vorstellungen haben Sie denn von der Zukunft Ihrer Firma?"

Und Böhme antwortete ohne Zögern: „Ich will auch in fünf Jahren noch erfolgreich sein."

„Und wie soll das gehen?"

„Wir stabilisieren und erweitern unser Marktsegment. Und wir fokussieren den Vertrieb auch auf den bisher etwas vernachlässigten europäischen Osten. Moskau und St. Petersburg werden wir unter anderem für unsere Produkte erschließen. Dafür kurbeln wir die Produktion an. Das erfolgt über Investitionen am Standort." Böhme sprach das Wort „wir" mit größter Selbstverständlichkeit aus. Ich nahm auf Spenglers Interview mit ihm Bezug. Eine Passage interessierte mich besonders:

Im Interview: Steffen Böhme
Geschäftsführender Gesellschafter eines Strickwaren-
unternehmens und Vorstand einer landesweiten
Wirtschaftsinitiative

Interview

Unternehmerische Todsünden, welche sind das?

Spengler: *„Apropos Insolvenzen. Welche sind denn die so genannten unternehmerischen Todsünden, die mit hoher Wahrscheinlichkeit zu Firmenpleiten im deutschen Mittelstand führen?"*

Böhme: „Nun, ich denke hier vor allem an Einfallslosigkeit, Gleichgültigkeit, innere Müdigkeit, Gewohnheit, Regelmäßigkeit und Angst davor, dass etwas schief gehen könnte. Diese Eigenschaften sind alles andere als unternehmerisch. Sie wirken in den mittelständischen Unternehmen verheerend und erhöhen die Gefahr der Firmenpleiten in jenem Maße, in welchem sie von den Firmenchefs, sicher unbewusst, praktiziert und den Kunden und Mitarbeitern vorgelebt werden.

Ferner denke ich, dass ein Mittelständler nicht alles tun sollte, was andere vor ihm taten und tun.
Natürlich muss er sich umfassend informieren. Gleichwohl sollte er prüfen, ob die in der Firma vorhandenen Kompetenzen ausreichen, um neue Ideen auch umzusetzen. Und er sollte die Frage beantworten, ob er ‚Arbeiter' oder ‚Mitarbeiter' in seinem Unternehmen beschäftigt. Beide Worte unterscheiden sich nur durch das ‚MIT'. Genau das jedoch ist entscheidend. Viele Firmen haben ‚Arbeiter' aber keine ‚MIT-Arbeiter'. Das äußert sich in geringer Motivation, mangelndem Bekenntnis zum Unternehmen und mäßigem Leistungsverhalten. All das fördert letztlich die Insolvenz."

„Und wie ist das mit den unternehmerischen Todsünden bei Ihnen selbst?"

„Solche gibt es bei mir nicht. Ich bin doch irgendwie unternehmerisch geprägt, hatte und habe stets den Drang, eigene Gedanken zu entwickeln und sie in persönlicher Verantwortung auch umzusetzen. Und ich habe gelernt, auch bürokratische Hürden zu überwinden. Diesen Unternehmergeist hat mir wohl mein Vater in die Wiege gelegt", antwortete Böhme selbstbewusst.

„Und was machen Sie, wenn Sie mal nicht arbeiten?", wollte ich wissen.

„Dann gehe ich gern mal in die Sauna, wandere und sammle Pilze, pflege meinen Garten und erfreue mich an meinem Hobby. Ich bin nämlich Oldtimer-Fan. Ich liebe alte Autos, fahre und repariere sie. Aber an erster Stelle stand und steht die Firma. Sie hat für mich absolutes Primat. Nur wenn hier alles läuft, gehe ich meinem Hobby nach", schränkte er sofort ein.

Steffen Böhme ist Geschäftsführender Gesellschafter eines Unternehmens mit 120 Beschäftigten. Jährlich wurden und werden bei ihm 12 Azubis ausgebildet. Im Unterschied zu Peter Stieglitz und Grit Sonntag trifft auf ihn der Spruch „Geteiltes Leid ist halbes Leid" nicht zu. Er schultert Frust und Freude als Unternehmer allein. Dass er damit gut zurechtkommt, weisen auch seine betriebswirtschaftlichen Zahlen aus. „Nachhaltig erfolgreich", so auch hier die Kurzformel.

Spätestens beim „Auf Wiedersehen" war ich mir sicher. Auch hier hatte sich ein *M-Leuchtturm* positioniert!

Falls Sie nun neugierig geworden sind und sich auf den Weg machen wollen, möchte ich Ihnen gern eine Orientierung mitgeben. Sie erkennen einen *M-Leuchtturm* an folgenden Merkmalen:

> **Notiz**
>
> EIN M-LEUCHTTURM ...
>
> ... wird von einer (oder mehreren) prägenden Unternehmerpersönlichkeit(en) als Entscheidungs- und Verantwortungsträger eigenhändig gelenkt und geleitet.
>
> ... weist einen nachhaltigen Unternehmenserfolg aus. Für die entscheidenden betriebswirtschaftlichen Kenngrößen werden über mindestens fünf Jahre hinweg schwarze Zahlen geschrieben.
>
> ... macht den kausalen Wirkungszusammenhang von prägender Unternehmerpersönlichkeit und nachhaltigem Unternehmenserfolg transparent.
>
> ... ist Vorbild für inhabergeführte mittelständische Unternehmen. Weitgehend unabhängig von Unternehmensgröße, Branche und Eigentumsform ist die Einheit von strategischer Führung und operativem Management verwirklicht.

Gewiss werden Sie fragen, warum ich den Begriff „Leuchtturm" verwende. Dazu biete ich Ihnen eine Metapher an – die stürmische See des mittelständischen Wirtschaftslebens. Hier hebt sich ein *M-Leuchtturm* gut sichtbar ab. Er warnt die Steuerleute der Unternehmen vor Schiffbruch und weist ihnen gleichsam den Weg in eine erstrebenswerte Zukunft.

Und was ist mit der „Frage aller Fragen"? Nein, das vermutete Führungsdefizit konnte ich in den besuchten Unternehmen nicht ausmachen. Ganz im Gegenteil! Peter Stieglitz ist in einem kooperativ agierenden Führungsteam einer Aktiengesellschaft ebenso erfolgreich wie Grit Sonntag, die gemeinsam mit ihrem Gatten ein Familienunternehmen als GmbH führt, oder wie Steffen Böhme, der als Chef einer Einmann-GmbH die Freude und das Leid unternehmerischer Tätigkeit allein schultert.

Nun macht eine Schwalbe bekanntlich noch keinen Sommer. Und die drei *M-Leuchttürme* sind bei weitem kein Beleg für einen prosperierenden Mittelstand. Aber ihr Licht strahlt. Doch wird es auch wahrgenommen? Ist der klassische deutsche Mittelstand mit seiner prägenden Inhaberführung überhaupt willens und fähig, einen Aufbruch in die Zukunft zu wagen? Zweifel sind wohl angebracht. Dennoch – einen Versuch ist es allemal wert!

Die Zukunft konzipieren

Eine Vision schaffen

Einige Wochen später rief mich der Präsident erneut an. In seiner Stimme schwang ein deutliches Interesse, aber auch eine gesunde Portion Neugier mit, als er mich nach dem Erfolg meiner Erkundungen fragte: „Wie ist es denn so gelaufen? Haben Sie etwas zum Wirkungszusammenhang herausgefunden?"

„Deutlich mehr als erhofft. Ich bin sogar auf drei Leuchttürme des Mittelstands gestoßen", antwortete ich.

„Wie bitte?" Stieglitz zeigte sich interessiert. Also informierte ich ihn. Auch über die *M-Leuchttürme*. Und auch darüber, dass ich das von ihm geführte Unternehmen dazu zähle.

„Haben Sie dafür irgendwelche Merkmale?", fragte er.

„Nicht irgendwelche, sondern ganz bestimmte. Wenn Sie möchten, sende ich Ihnen das per E-Mail", bot ich ihm an.

Stieglitz reagierte prompt: „Die Merkmale sind als Arbeitsgrundlage gut geeignet. Wenn die Mittelständler sich daran orientieren, können sie erkennen, wo sie auf dem Weg zu einem Leuchtturm-Unternehmen stehen und welche Strecke noch zurückzulegen ist."

„Und wie bringen wir die Orientierung an den Mann, will heißen an die Mittelständler?", fragte ich.

„Lassen Sie uns darüber in Ruhe nachdenken. Ach – fast hätte ich es vergessen. Haben Sie schon Spenglers Artikel in dem amerikanischen Wirtschaftsmagazin gelesen?", wollte Stieglitz wissen.

Ich verneinte. Worum ging es? Ein führendes US-amerikanisches Businessmagazin hatte einen mehrseitigen Artikel über die Situation im deutschen Mittelstand veröffentlicht. Unter dem Titel „Patrioten oder Profiteure" vermarktete Spengler seine Sicht auf das Mittelstandsforum und den Unternehmerstammtisch. Auch die Interviews bezog er geschickt ein. Obwohl in den USA publiziert, passte die Story gut in die Patriotismusdiskussion deutscher Sonntagsredner hinein.

Sicher ist es gut und richtig, bestimmte Sachverhalte journalistisch zu überzeichnen. Doch was ich als Einstieg in dem Artikel las, befremdete mich. Spenglers Recherche zufolge beabsichtigten etwa 60 % der deutschen Mittelständler im Ausland zu investieren. Go East heiße die Marschrichtung. Der Profit im Osten locke. Dazu fragte Spengler, ob denn Patriotismus überhaupt nicht mehr zähle. Und messerscharf folgert er: Nur der in Deutschland, und ausschließlich hier, agierende Mittelständler sei ein wahrer Patriot. Aber „vaterlandlose Gesellen", der fluktuierende Rest gewissermaßen, hätten den Anspruch verwirkt, als deutsche Patrioten zu gelten.

Nun heiligt der Zweck ja bekanntlich die Mittel. Wenn ich unterstelle – was ich nicht glaube –, dass der Zweck darin bestand, den deutschen Mittelstand öffentlich wieder mehr zur Geltung zu bringen, hat Spenglers Artikel durchaus positiv gewirkt. Ich hatte den Eindruck, als seien die kleinen und mittleren Unternehmen von den Medien neu entdeckt worden. Fast wöchentlich erschienen in Presse und Funk nun Interviews mit Mittelständlern. Meist wurden sie nach ihrer unternehmerischen Entwicklung und nach dem Erfolgsweg gefragt. Die Antworten waren sehr unterschiedlich. Vieles wurde gesagt, aber wenig Substanz stand dahinter.

Und auch das Fernsehen wurde aktiv. Ich traute meinen Augen nicht, als ich die Ankündigung der neuen TV-Serie *MittelstandsReport* las. Die Serie war zur Förderung kleiner und mittlerer Unternehmen konzipiert worden. Vorgesehen war, Probleme und Lösungen der Unternehmensführung und des Managements zu bester Sendezeit zu behandeln. Somit solle ein erster Schritt auf dem Weg zu einer „zentralen Kommunikationsplattform" für den deutschen Mittelstand vollzogen werden, las ich mit Erstaunen.

> **Notiz**
>
> KONNTE ES SEIN, ...
>
> ... dass die hohen Insolvenzzahlen und der Kapitalexport auf Rekordniveau die flügellahmen Entscheidungs- und Verantwortungsträger für die wirtschaftlichen Rahmenbedingungen des Mittelstands wachgerüttelt haben?
>
> ... dass die zunehmende Globalisierung mit ihren Entfremdungstendenzen eine spürbare Rückbesinnung auf heimische Wurzeln und Werte erforderte?
>
> ... dass die deutsche Spaßgesellschaft gar wieder Interesse an harter mittelständischer Arbeit fand?

Wer weiß! Jedenfalls schaltete ich am Abend den Fernseher ein. Die Auftaktsendung der neuen TV-Serie wollte ich keinesfalls verpassen. So harrte ich der Dinge, die da kommen sollten. Und was da kam, überraschte mich in zweifacher Hinsicht.

Einerseits gefiel mir der Moderator. Er stellte sich als Inhaber eines mittelständischen Unternehmens vor. Kurz und knapp umriss er den Sinn und Zweck der TV-Serie. Anhand praktischer Beispiele solle auf die Einheit von strategischer Führung und operativem Management orientiert werden. Dass dabei erfolgreiche Unternehmer vorrangig Stimme und Gehör erhalten, sei wesentlich. Schwaflern, Nörglern und Oberbedenkenträgern werde in seiner Sendung verwehrt, die kostbare Zeit des Publikums zu stehlen, fügte er hinzu.

Andererseits ärgerte ich mich über jene, welche in der Auftaktsendung Stimme und Gehör fanden. Je mehr sich der Moderator bemühte, den unternehmerischen Weitblick der Diskutierenden zu befördern, desto weniger kam dabei heraus. Alles drehte sich in endlosen Redeschleifen allein um das Tagesgeschäft.

Was der Auftaktsendung fehlte, war klare Orientierung, war gesunder Optimismus, war ein fester Glaube an die Zukunft. Was fehlte, war eine Vision für den deutschen Mittelstand!

Sowohl Stieglitz als auch mir war bewusst, dass ein Aufbruch aus der verbreiteten Orientierungslosigkeit sowie aus den quälenden Verunsicherungen und hemmenden Zweifeln nur mittels einer kraftvollen Vision mit breiter Ausstrahlung gemeistert werden kann. Und so hatten wir gewiss zu viel von der Auftaktsendung erwartet. Stieglitz' Einschätzung glich in etwa meiner: Löbliches Vorhaben! Ausführung verbessern!

„Haben Sie übrigens den Einstieg in die Moderation verfolgt?", fragte ich Stieglitz.

„Nein, ich habe erst später eingeschaltet. War die etwa interessanter?"

„Nun, es ging um den Begriff ‚Vision'. Der kam zwar in der Sendung nicht vor. Dennoch fand ich die Begriffsbestimmung, die der Moderator am Anfang eingeblendet hatte, recht gut. Die könnten wir vielleicht verwenden. Hören Sie sich das Ganze doch mal an." Und langsam, so zum Mitdenken, las ich vor:

Info

EINE VISION ...

... ist die geistige Vorwegnahme einer erstrebenswerten Zukunft. Sie beschreibt einen Zielzustand mit Realitätsbezug.

... vermittelt jenseits des Zeitgeists sowohl Orientierung (Wohin wollen wir?) als auch Sinn (Warum wollen wir dorthin?).

... enthält ein Angebot zur Identifikation (Wir gehören dazu!) und Mitgestaltung (Wir machen mit!).

„Das klingt gut. Kann ich den Text nachlesen?", fragte Stieglitz.

„Sie erhalten sofort eine E-Mail."

Einige Minuten später kam Stieglitz' Antwort. „Ich denke, das trifft den Kern."

Nun hatten wir zwar eine Definition. Aber der deutsche Mittelstand hatte deswegen noch lange keine Vision! Doch wer sollte ihm eine Vision geben? Die Politiker etwa? Wohl kaum. Die sind zu sehr mit ihrer Wiederwahl beschäftigt. Die Wirtschaftsführer? Eher nein. Ihr Interesse ist auf Großunternehmen und Konzerne gerichtet. Die Gewerkschaftsbosse? Wohl auch nicht. Sie müssen ihre Pfründen sichern. Die Kirchenmänner? Um Gottes willen. Also, rundum Fehlanzeige. Völlig klar. Wer also?

Und wieder war es Peter Stieglitz, der die Initiative ergriff: „Wer, wenn nicht wir Mittelständler selbst, soll denn eine Vision entwickeln? Lassen Sie es uns doch gemeinsam versuchen. Das ist doch geradezu eine Herausforderung!"

Nach einigem Hin und Her stellte Stieglitz die entscheidende Frage: „Wie stellen Sie sich denn die Zukunft für unseren Mittelstand vor? Beschreiben Sie das doch einfach mal als Zielzustand."

Klar, eine gewisse Vorstellung hatte ich schon. Aber sie war unscharf und hatte traumhafte Züge, wie beispielsweise das Bild von einer völlig konfliktfreien Welt. Nein, das war unrealistisch. Deutlich mehr war ich von dem angetan, was Martin Luther King jr. am 28. August 1963 in Washington D. C. gesagt hatte. Mit „I have a dream" verkündete er seine Vision vom brüderlichen Miteinander von Schwarz und Weiß und wusste doch, wie schwer das zu erreichen sein würde. Trotzdem, die amerikanische Gesellschaft erhörte nach und nach seine Botschaft.

So oder so ähnlich könnte es auch mit einer Vision für den deutschen Mittelstand gehen, dachte ich. Wahrscheinlich würde auch sie nicht sofort gehört. Doch hoffentlich zunehmend deutlicher. Vorerst galt es, sie zu entwickeln. Und so begann ich, meine Gedanken zu artikulieren. Bruchstückhaft und scheibchenweise. Oft hakte Stieglitz ein, ergänzte, präzisierte, verwarf. Wir diskutierten über jedes Wort. Schließlich hielt ich fest:

> # Notiz
>
> ### DER DEUTSCHE MITTELSTAND …
>
> … ist die tragende Säule einer prosperierenden Volkswirtschaft. Seine Leistungskraft basiert auf Unternehmertum und Wettbewerb, auf Kompetenz und Verantwortung, auf Tradition und Fortschritt, auf Erfahrung und Erneuerung.
>
> … ist entscheidend von inhabergeführten kleinen und mittleren Unternehmen geprägt. Deren Vorbilder, die *M-Leuchttürme*, symbolisieren den Erfolg der mittelständischen Elite. Sie stehen beispielgebend für unternehmerisches Denken und Handeln in der Einheit von strategischer Führung und operativem Management.

„Das ist er also, unser Entwurf einer Vision für den deutschen Mittelstand", meinte Stieglitz. Er war offensichtlich damit recht zufrieden.

„Na ja, aber Sie betonen auch, vielleicht sogar unbewusst, einen kritischen Punkt. Dieser zielt auf das Wort ‚unser'. Hiermit haben wir ein Problem. Wer sagt denn, dass ‚unsere' Vision vom Mittelstand angenommen und als Signal für den Aufbruch in die Zukunft verstanden wird?", hakte ich ein.

„Im Selbstlauf geht gar nichts. Der Aufbruch bedarf gewaltiger Motivation und Antriebskraft. Da müssen wir schon einige Briketts auflegen, um nicht nur Strohfeuer zu entfachen. Aber es ist schon richtig, was Sie sagen. Bevor wir mit unserem Entwurf an die Öffentlichkeit gehen, sollten wir ihn in einem größeren Kreis diskutieren und bei Bedarf verbessern", meinte Stieglitz.

„Dazu habe ich eine Idee. An Sprüchen ist ja nicht alles schlecht. Kennen Sie den vom Arbeitskreis? Der trifft doch in unserer Situation ins Schwarze", scherzte ich.

Und ebenso fröhlich ging Stieglitz darauf ein: „Ja, kenne ich. ‚Wenn ich nicht mehr weiter weiß, bild' ich mir 'nen Arbeitskreis'. Den meinen Sie doch, oder?"

„Genau den. Und dafür fällt mir auch schon ein Name ein, nämlich *Arbeitskreis Mittelstand*. Klingt doch gar nicht so schlecht", freute ich mich. Auch Stieglitz strahlte.

Am Folgetag lud der Präsident zum ersten Treffen des Arbeitskreises ein. Er schrieb die Repräsentanten der Leuchtturm-Unternehmen Grit Sonntag und Steffen Böhme an. Hier war er sich sicher, auf Gleichgesinnte zu treffen. Auch Jürgen Brade bat er, im Arbeitskreis mitzuwirken. Von ihm erwartete Stieglitz eine konstruktive Opposition. Mir trug er die Moderation an.

Zwei Wochen später trafen wir uns. Den Mitgliedern des Arbeitskreises lag der Visionsentwurf vor. Also: Grünes Licht für Hinweise, Meinungen, Kritik und Verbesserungen. „Wir wollen bitte gemeinsam dafür sorgen, dass wir nicht ergebnisoffen diskutieren. Das Ziel ist, den Entwurf hier und heute zu bestätigen oder ihn bei Bedarf zu ändern", eröffnete ich die Runde.

„Das ist ja alles interessant und sicher auch richtig. Aber es geht ja um Zukünftiges. Und hier erscheint mir der erste Satz gar nicht visionär. Der Mittelstand ist doch heute schon die tragende Säule der deutschen Wirtschaft", meinte Brade.

„Ja, das sagt man so", erwiderte Steffen Böhme. „Doch was steckt dahinter? An welchen Kriterien ist diese Aussage festgemacht? Etwa an der Insolvenzquote?", fragte er ziemlich ironisch. Und spürbar sachlicher fügte er hinzu: „Ich meine schon, dass im ersten Satz das Visionäre deutlich wird. Wenn hier von einer prosperierenden Volkswirtschaft gesprochen wird, ist das sehr wohl zukunftsorientiert. Nach fast zehnjähriger Wachstumsflaute nahm zwar das Bruttoinlandsprodukt im Jahr 2004 um 1,6 % zu. Doch von einer Prosperität kann beim besten Willen nicht gesprochen werden. Ferner meine ich, dass auch die tragende Säule – der Mittelstand – prosperieren muss, um die Volkswirtschaft in ihrer Gesamtheit voranzubringen. Also, ich bin dafür, den ersten Satz so zu belassen." Zustimmung ringsum.

„Und was sagen Sie zu den genannten Werten? Sind sie tauglich für die Vision?", fragte ich aus meiner Moderatorenecke heraus.

„Das ist schon problematischer. Besonders, wenn ich auf die Begriffspaare ‚Tradition und Fortschritt' sowie ‚Erfahrung und Erneuerung' schaue, kommen mir erhebliche Zweifel. Gerade der Begriff ‚Erfahrung' hat für mich eine ambivalente Bedeutung", meinte Grit Sonntag. „Es ist doch so, dass ich Erfahrung immer nur mit Bezug auf Erlebtes, Geleistetes, Vergangenes mache, welches unter bestimmten Bedingungen ablief. Wenn ich die auf Erfahrung basierenden Denk- und Handlungsmuster beibehalte, ob bewusst oder unbewusst, und die veränderten Bedingungen nicht beachte, dann ist Erfahrung weitgehend nutzlos, oft sogar destruktiv. Sie ist nützlich und konstruktiv, wenn ich sie konsequent auf den Prüfstand stelle und, falls nötig, auf die aktuellen Bedingungen anwende und weitgehend umdenke. Oder – ich ändere die Bedingungen, falls das geht", ergänzte die Unternehmerin.

„Frau Sonntag, Sie sprechen ein heikles Thema an. Viel zu oft muss ich erleben, dass beispielsweise bei Bewerbungen der so genannte Erfahrungsschatz vom Bewerber in den Vordergrund gestellt wird, ohne die erneuerten Bedingungen zu kennen und zu beachten. Also – ‚Erfahrung' ist auch für mich nicht von vornherein positiv belegt", unterstrich Stieglitz.

„Ja, das ist wirklich ein Problem. Auch ich setze auf Erfahrung. Und ich muss zugeben, dass mir allzu leicht der Spruch ‚schon immer so gemacht' von den Lippen geht. Hier muss sich wohl was ändern", bekannte Brade.

„Übrigens, da fällt mir ein Sprichwort ein: ‚Wir machen das gemeinsam, sagte die Erfahrung, als sie die Erneuerung erwürgte',“ meinte Böhme lachend. Die Anwesenden waren sich einig. „Erfahrung" sei als Begriff zwar problematisch, dennoch, er blieb im Entwurf.

„Kommen wir nun zum zweiten Absatz. Wie steht es damit?", kurbelte ich die Diskussion weiter an.

Der erste Satz wurde kommentarlos abgenickt, der zweite nicht. Es entspann sich eine heftige Diskussion um den Elitebegriff. Die einen fanden, er sei mit Bezug auf die deutsche Geschichte negativ belegt. Die anderen plädierten für eine positive Deutung.

„Nun lassen wir es doch endlich wieder zu, den Begriff vorurteilsfrei zu verwenden", positionierte sich der Präsident. „Wir müssen den Mut haben, uns zur Elite im deutschen Mittelstand zu bekennen. Damit meine ich das Bekenntnis zu exzellenter Führung und persönlicher Verantwortung, zu Spitzenleistungen und zu Vorbildern. Genau das ist es doch, was der deutsche Mittelstand gegenwärtig braucht – Leuchttürme als Richtungsweiser für den Aufbruch in die Zukunft."

„Mut zum Aufbruch, deutscher Mittelstand! Das ist eine Botschaft. So könnte die Überschrift unserer Vision lauten", warf ich ein. Zustimmendes Nicken ringsum.

Mit dem dritten und letzten Satz konnte Jürgen Brade nichts anfangen. Die Repräsentanten der Leuchtturm-Unternehmen klärten ihn kurz auf. Damit war auch dieser Satz akzeptiert.

„Lassen Sie mich kurz zusammenfassen", beendete ich die Moderation. „Wir haben uns zum Entwurf einer Mittelstandsvision verständigt. Einig sind wir uns darüber, dass die Vision einer umfassenden und qualifizierten Interpretation bedarf. Der Arbeitskreis hat den Entwurf bestätigt. Damit können wir ihn einem größeren Kreis von Unternehmern vorstellen."

Mit diesem Ergebnis beendeten wir den ersten Treff unseres Arbeitskreises. Nun hatten wir zwar ein Ziel benannt. Doch wie sollte es erreicht werden? Die Frage nach dem Weg zum Ziel war zu beantworten.

Die Strategie entwickeln

Und so kamen wir wieder zusammen, Peter Stieglitz und ich. Vorgenommen hatten wir uns, die Frage nach der Strategie zu klären. „Wenn wir mit ‚Strategie' den Weg zum Ziel meinen, dann lassen Sie uns eine Wegkarte entwickeln. Darin sollten wir genau jene Schritte festhalten, welche uns vom Ausgangs- zum Zielzustand führen", schlug der Präsident vor. Er fügte hinzu: „Jeder Weg beginnt immer mit einem ersten Schritt. So auch der unsrige. Der erste Schritt ist entscheidend. Er muss ein Aufbruchschritt in Richtung Zukunft sein. Mit ihm müssen wir die Köpfe und Herzen der Mittelständler erreichen."

„Wen genau meinen Sie mit ‚wir'?", hakte ich ein.

„Ich denke vor allem an unseren Arbeitskreis, der ja für die fachliche Kompetenz unseres Vorhabens steht. Ich denke aber auch an die Unterstützung durch jene Wirtschaftsgremien, welche ein vorrangiges Interesse an der Zukunft des deutschen Mittelstands haben sollten. Hier sehe ich beispielsweise die Arbeitgeberverbände auf Bundes- und Landesebene. Auch denke ich an den *RMW – Rat der mittelständischen Wirtschaft e. V.* mit seinen Landesverbänden. Sicher fällt mir hier noch einiges ein", äußerte sich Stieglitz zuversichtlich.

„Daran zweifle ich nicht. Übrigens, als Sie von dem Aufbruchschritt sprachen, haben Sie die Köpfe und Herzen der Mittelständler erwähnt. Glauben Sie denn wirklich, dass wir die Köpfe und Herzen erreichen, möglichst alle?", schob ich mit zweifelndem Unterton nach. Zu deutlich hatte ich die *Unterlasser* vor Augen.

„Zumindest sollten wir den Mittelständlern mit der Vision ein Angebot zur Identifikation und Mitgestaltung unterbreiten. Dass jeder Mittelständler dieses Angebot annimmt, bezweifle ich auch. Aber wo kein Angebot ist, entwickelt sich auch keine Identifikation. Und genau sie ist entscheidend, wenn sich der Mittelstand in Richtung Zukunft bewegen soll", so Stieglitz.

Hatte der Präsident wirklich vor, alle mitzunehmen? Aus meiner Beraterpraxis kenne ich drei Gruppen von Mittelständlern. Die „Strategen" unter ihnen sind mit Optimismus, Weitblick, Mut und Menschlichkeit bereits in die Zukunft aufgebrochen. Als M-Leuchttürme weisen ihre Unternehmen den Erfolgsweg. Die „Pragmatiker" hingegen konzentrieren sich alleinig auf das Tagesgeschäft. Sie unterlassen – bewusst oder unbewusst –, den Blick in die Zukunft zu richten. Sie bilden die größte Gruppe unter den Mittelständlern. Ihr fehlender oder getrübter Weitblick entpuppt sich in vielen Unternehmen als generelles Führungsdefizit. Und letztlich die „Verweigerer": Sie negieren das „Licht am Ende des Tunnels". Um zu vermeiden, dass sie zum Licht gelangen, verlängern sie lieber den Tunnel, suchen die Schuld für ihre Misere im „Außen" und sind beratungsresistent. Hier ist jedes Bemühen vergebens. Leider! Doch wie gesagt, das sind meine Erfahrungen, die Stieglitz nur bedingt teilte.

„Wir werden ja sehen. Doch wie soll denn nun unsere Wegkarte konkret aussehen?", fragte Stieglitz.

Ich war wieder am Zuge: „Um von der Vision zur Umsetzung zu kommen, sollten wir drei Etappen vorsehen. Jeder davon würde ich zwei Schritte zuordnen. Auf der ersten Etappe sind das die Schritte ‚Informieren' und ‚Identifizieren'. Dabei käme uns die Aufgabe zu, die Mittelständler zu informieren und zu überzeugen. Deren Part wäre es, sich mit der Vision zu identifizieren und sich zu ihr zu bekennen

„Und was ist mit der zweiten und dritten Etappe?", wollte Stieglitz wissen.

„Auf der zweiten Etappe sind die Schritte ‚Beraten' und ‚Konzipieren' zu absolvieren. Unser Anteil wäre das Beraten. Die Aufgabe der Mittelständler ist, die Umsetzung der Vision in ihren Unternehmen zu konzipieren. Und die dritte Etappe ist die der Umsetzung. Auf unserer Seite ist hier das ‚Mitwirken' vorgesehen, auf der des Mittelstands das ‚Implementieren'."

„Ein interessanter Ansatz. Lässt sich das auch bildlich aufbereiten?", fragte Stieglitz. Und so skizzierte ich es ihm:

Notiz

DIE STRATEGIE ALS WEGKARTE

Etappe	Arbeitskreis		Mittelständler
Vision	Informieren	⟶	Identifizieren
Konzeption	Beraten	⟶	Konzipieren
Umsetzung	Mitwirken	⟶	Implementieren

„Gut wäre, wenn wir auch die Strategie im Arbeitskreis diskutieren würden. Doch vorerst denke ich, dass wir die einzelnen Schritte inhaltlich untersetzen sollten", schlug Stieglitz vor.

„Das ‚Informieren' dürfte inhaltlich klar sein. Wenn wir uns verständigen könnten, die dazu erforderlichen Maßnahmen im Nachgang zu besprechen, kämen wir jetzt sicher gut voran", argumentierte ich. Stieglitz stimmte zu.

„Zum ‚Identifizieren‘ ist ja wohl mehr zu sagen. Klar, wir offerieren ein Identifikationsangebot – vielleicht sogar auf einem Silbertablett: Bitte schön, hier ist unsere Vision. Nun identifiziere dich bitte gefälligst, deutscher Mittelstand! Nein, das wird nichts. Ich erwarte hier keine Eigendynamik", meinte der Präsident.

„Sie haben völlig Recht. Unser Angebot muss auf einen Identifikationsbedarf treffen. Ist dieser nicht oder nicht ausreichend vorhanden, müsste er geweckt werden. Das geht nur, wenn wir schon beim ‚Informieren‘ glaubwürdig überzeugen. Keinesfalls dürfen wir den argumentativen Holzhammer verwenden." Stieglitz teilte meine Meinung.

Ich erläuterte mein Konzept weiter: „Kommen wir zum ‚Beraten‘. Wir sollten uns zu einem Führungskonzept verständigen, welches trotz aller Verschiedenartigkeit der kleinen und mittleren Unternehmen einen Rahmen bietet, der von vornherein auf die Einheit von strategischer Führung und operativem Management orientiert. Einen Ansatz dazu könnte ich liefern."

Stieglitz stoppte mich. „Darüber könnten wir zu einem späteren Zeitpunkt sprechen. Lassen Sie uns jetzt noch kurz über das ‚Konzipieren‘ reden. Das Erläutern der Schritte auf der Umsetzungsebene werden wir vertagen."

„Das ‚Konzipieren‘ liegt auf der Seite der Mittelständler. Jene Unternehmen, welche der Wegkarte folgen, sollten ein Führungsdokument erarbeiten, in dem das Umsetzen der Vision konzeptionell beschrieben wird", schlug ich abschließend vor.

Wir hatten wieder etwas geschafft. Die Strategie stand. Der Arbeitskreis konnte auf seinem nächsten Treffen darüber befinden. Die Agenda dafür sah zwei Punkte vor, nämlich die „Strategie als Wegkarte" und die „Arbeitsteilung im Arbeitskreis".

„Wir werden beide Punkte in der genannten Reihenfolge besprechen. Ihnen liegt die Wegkarte vor. Was sagen Sie dazu?" Mit diesen Worten eröffnete der Präsident die Beratung.

Jürgen Brade sprach als Erster. „Das ist mir alles gut verständlich." Und an mich gewandt fuhr er fort: „Sogar als ‚Praktiker‘, wie Sie mich ja gern nennen, verstehe ich, was Sie mit der Wegkarte erreichen wollen. Ich stimme dem Entwurf zu."

„Gibt es weitere Meinungen?"

„Ich möchte etwas zu dem Identifikationsproblem sagen." Steffen Böhme holte weit aus und kam dann zum Punkt: „Ich halte es für abwegig, die Mittelständler allesamt mit der Vision bekehren zu wollen. Auch wenn die Überzeugungsarbeit noch so gut ist, kann das nicht gelingen. Der klassische deutsche Mittelstand – die inhabergeführten kleinen und mittleren Unternehmen – ist doch mehrheitlich pragmatisch geprägt. Visionäre Gedanken kommen da kaum an. Was ich sagen will ist: Überzeugungsversuche – ja, aber begrenzt in der Anzahl."

„Herr Böhme, ich stimme Ihnen zu", griff Grit Sonntag ein. „Überzeugen ist gut. Doch vergebliches Bemühen ist Verschwendung. Konzentrieren wir uns auf die Aufbruchwilligen. Alle mitnehmen zu wollen, ist völlig unreal."

„Aufbruch der Aufbruchwilligen – das macht Sinn", meinte Brade. „Aber konkret. Ich würde gern wissen, wer im Schritt ‚Beraten' aktiv wird. Ich frage deshalb, weil ich in meinem Unternehmen nicht gerade die besten Erfahrungen mit so genannten ‚Beratern' gemacht habe."

Der Präsident reagierte sofort: „Wir haben uns erst einmal zu den Inhalten der Arbeitsschritte verständigt. Die Ausführenden dafür sind noch völlig unbekannt. Das gilt auch für die Beratungsleistungen. Aber, Herr Brade, ich verstehe, was Sie meinen. Meine Vorstellung ist, in unsere Mittelstandsinitiative nur solche Berater einzubeziehen, bei denen wir sicher sein können, dass sie die aufbruchwilligen Unternehmer auf dem Weg in die Zukunft kompetent und partnerschaftlich beraten und begleiten."

„Weitere Meinungen und Hinweise?", fragte ich, ohne eine Antwort zu erhalten.

„Wenn wir das so weit besprochen haben, darf ich kurz zusammenfassen: Der Arbeitskreis stimmt der Strategie zu und empfiehlt, dazu einen präzisierenden Maßnahmeplan zu entwickeln. Dieser ist als Entwurf vorzulegen. Lassen Sie uns nun bitte zum zweiten Punkt der Agenda kommen. Wir alle sind Unternehmer. Wir haben eigenhändig unser Business in Schwung zu halten. Hier im Arbeitskreis vereint uns das Ziel, eine Mittelstandsinitiative in Richtung Zukunft zu starten. Und das wollen wir arbeitsteilig tun. Ich schlage vor, dass wir jetzt dafür Zuständigkeiten festlegen. Dabei sollten wir von unseren Interessen und Neigungen ausgehen."

Grit Sonntag positionierte sich zuerst: „Meine Zeit ist knapp bemessen. Dennoch würde ich mich gern dem ‚Informieren' zuwenden. Das ‚Beraten' interessiert mich zwar auch. Aber das ist ja wohl ein Vollzeitjob. Kommt also für mich nicht in Frage."

„Ich bin mehr ein Macher – Organisation, ja vielleicht. Hier könnte ich mich einbringen", meinte Jürgen Brade. Steffen Böhme schlug sich auf Frau Sonntags Seite.

„Und wie sehen Sie Ihre Rolle im Arbeitskreis?", fragte ich den Präsidenten.

„Was schwebt Ihnen denn so vor?", gab er lachend zurück.

Obwohl Stieglitz und ich gemeinsam die geistigen Väter der Mittelstandsinitiative waren, unterscheidet sich unser Denken und Handeln doch erheblich. Er ist mehr Realist, mehr Macher. Ich bin mehr Vordenker, mehr Stratege. Gleichwohl, unsere Arbeitsteilung hatte sich bewährt. Das sprach ich aus. „Ich denke, Herr Stieglitz sollte sich den Hut aufsetzen. Als Präsident eines Arbeitgeberverbandes und Chef eines Leuchtturm-Unternehmens hat er die erforderliche Kompetenz überzeugend nachgewiesen."

Die Mitglieder des Arbeitskreises erhoben sich spontan. „Hurra, Herr Vorsitzender!", riefen sie zackig. Der Gekürte ließ es über sich ergehen.

„Dann sind Sie wohl der Stellvertreter – der Stratege, der sich sicher auch dem ‚Beraten' zuwenden möchte." Der Satz war an mich gerichtet. Stieglitz formulierte ihn weniger fragend als mehr feststellend.

„Hurra, Herr Stellvertreter!" Somit war auch das geschafft. Die Arbeitsteilung war geklärt.

Die Maßnahmen planen

In der Folgewoche war der Maßnahmeplan zu erstellen. Jürgen Brade, der Organisator, sollte unbedingt dabei sein, forderte Stieglitz. Ein kurzes Telefonat brachte Brades Einverständnis. Wir drei trafen uns an einem Mittwochabend.

„Ich schlage vor, die Maßnahmen den Arbeitsschritten zuzuordnen", begann ich. Stieglitz und Brade nickten. „Also gut, beginnen wir mit dem ‚Informieren'. Was sehen wir hier vor?"

Brade dachte sofort an eine Neuauflage des Mittelstandsforums. „Damit könnten wir punkten. Anzubieten haben wir ja die Vision und die Strategie. Auch die Erfolgsstorys der Leuchtturm-Unternehmen dürften die Teilnehmer interessieren."

„Das ist ein guter Gedanke. Ich werde mit den Arbeitgeberverbänden der Bundesländer Kontakt aufnehmen und sie einladen. Einladen würde ich auch den *RMW – Rat der mittelständischen Wirtschaft e. V.* Dessen Beratungs-, Coaching- und Trainingsleistungen sind genau auf unsere Zielgruppe gerichtet. Und, was nicht unerheblich ist, die RMW-Landesverbände verfügen über eigene Budgets öffentlicher Fördermittel", so der Präsident.

„Und ich werde mich um die Agenda des Forums kümmern. Die Auswahl der Referenten ist wichtig", bot ich an.

„Ich denke, dass wir die Folgemaßnahmen vom Ergebnis des Forums abhängig machen sollten", schlug Brade vor.

Das gefiel Stieglitz: „Was Sie sagen, gilt auch für das ‚Identifizieren' und ‚Konzipieren'. Beide Schritte werden ja erst dann interessant, wenn das ‚Informieren' erfolgreich war. Wir müssen uns also auf unseren ersten Schritt konzentrieren."

„Zum ‚Beraten' hatte sich Herr Stieglitz ja schon im Arbeitskreis geäußert. Wir sollten, wie gesagt, den *RMW* einbeziehen. Vielleicht können wir mit ihm eine strategische Partnerschaft eingehen", wiederholte ich. Und an Stieglitz gewandt, fuhr ich fort: „Ich schlage vor, dass wir das Gespräch mit einem verantwortlichen *RMW*-Chef, ich denke hier an einen Geschäftsführer auf Landesebene, suchen."

„Vereinbaren Sie doch bitte einen Termin. Möglichst kurzfristig", bestätigte Stieglitz.

„Und was wäre noch wichtig?", fragte ich. „Nichts". Das Pulver war verschossen. Beide Herren schwiegen.

„Gut, dann ist das wohl alles für heute." Die Maßnahmen hielt ich kurz fest:

> **Notiz**
>
> ## Die zielführenden Massnahmen
>
> | Schritt | Maßnahme | Verantwortung | Mitwirkung | Termin |
> |---|---|---|---|---|
> | Informieren | Mittelstandsforum planen und durchführen | Vorsitzender | Arbeitskreis, RMW | I. Quartal Folgejahr |
> | Beraten | Kooperation zum RMW anbahnen | Vorsitzender | Stellvertreter | 32. KW |
> | | Führungskonzept entwickeln | Stellvertreter | RMW | 36. KW |
>
> Hinweis: Weitere Maßnahmen werden im Nachgang zum Mittelstandsforum festgelegt.

Der Arbeitskreis war mit dem Plan einverstanden. Stieglitz empfahl, die Maßnahmen mit Einzelaktivitäten zu untersetzen. Das wies er mir zu. Am nächsten Tag begann ich, das Führungskonzept zu entwerfen. Der Ansatz war klar:

> # Info
>
> ## Die Herausforderung
>
> Mittelständische Unternehmen, die in die Zukunft aufbrechen wollen, stehen allesamt vor der gleichen Herausforderung:
>
> Sie müssen den Blick in eine erstrebenswerte Zukunft richten, anspruchsvolle Ziele bestimmen und eine zielführende Strategie entwickeln.
>
> Diese Aufgabe der strategischen Führung ist mit dem operativen Tagesgeschäft zu koppeln.

Doch halt! Wer soll denn eigentlich das Führungskonzept in die Unternehmen tragen? Wie ist die beratende Begleitung zu organisieren? Welche Beraterkompetenzen sind dafür erforderlich? Und wie können die aufbruchwilligen Mittelständler vor den ungebremst agierenden „Blindgängern" der Beraterbranche geschützt werden? Das waren die Fragen, die mich beim Konzeptentwurf beschäftigten.

Nun gibt es ja in Deutschland ein breites Spektrum an Beratern und Beratungsfirmen. Es reicht von den Branchenführern à la McKinsey & Company, Andersen Consulting, Roland Berger & Partner bis zu den Einzelkämpfern. Wer aber ist für den Mittelstand prädestiniert? Die Branchenführer? Wohl kaum. Ihr Fokus ist auf Konzerne und Großunternehmen gerichtet. Die „One-Man-Bands"? Eher nein. Ihre Kapazität ist zersplittert und limitiert. Was also lag näher, als jene Organisation ins Kalkül zu ziehen, welche sich ausdrücklich den Mittelstand als Zielgruppe auf ihre Fahne geschrieben hat: Der *RMW*. Also, Kontakt aufnehmen!

Mein Telefonat mit dem *RMW*-Geschäftsführer des in Frage kommenden Bundeslandes verlief wie erhofft. „Hallo, lange nichts von Ihnen gehört. Wie geht's denn so?", freute sich Horst Heller über meinen Anruf. In Kurzform erläuterte ich mein Anliegen. Heller ist ein alter Hase. Er kennt das A und O des Beratergeschäfts. So schnell reißt ihn nichts vom Hocker. Doch das, was ich vortrug, ließ ihn nicht kalt: „Klingt ja ganz interessant. Darüber sollten wir reden. Ich werde den zuständigen Beratungsleiter einbeziehen." Heller ist immer noch der Alte, freute ich mich. Ihn kann man nach wie vor für Neues interessieren.

Und so kamen wir in Hellers Büro zusammen. Der Hausherr eröffnete das Gespräch: „Ich freue mich, dass der Arbeitgeberpräsident den Weg zum *RMW* gefunden hat. Herr Stieglitz, Sie repräsentieren die mittelständischen Unternehmen unseres Bundeslandes. Und ich, mit aller Bescheidenheit gesagt, vertrete eine gebündelte Beraterkompetenz für genau diese Zielgruppe. Interessante Konstellationen könnten sich hier ergeben."

Stieglitz antwortete auf gleicher Wellenlänge: „Was Sie sagen, trifft den Kern. Über die Probleme im deutschen Mittelstand müssen wir nicht sprechen. Sie sind ausreichend bekannt. Reden sollten wir aber über Lösungen. Und hier haben wir Interessantes zu bieten." Der Präsident umriss unser Vorhaben, stellte die Vision vor, erläuterte die Strategie und kam zu den Maßnahmen. „Wir möchten Sie gern für eine Kooperation gewinnen", so Stieglitz' Offerte.

„Nun lassen Sie uns doch mal sortieren. Ich erkenne hier operative und strategische Maßnahmen. Zu den Erstgenannten gehört ja wohl das Mittelstandsforum. Daran wirken wir gern mit. Nennen Sie uns dazu bitte Ihre Vorstellungen. Zu den strategischen Maßnahmen zähle ich die mögliche Zusammenarbeit in Sachen Beratung. Allerdings – die Beratungsaufgabe des *RMW* darf nicht in Frage gestellt werden!", forderte Heller.

„Ganz im Gegenteil", beteuerte Stieglitz. „Ich denke mehr daran, ein gemeinsames Konzept zu entwickeln, auf das Ihre Beratungen zur Unternehmensführung und zum Management Bezug nehmen können." Derartiges konnte sich Heller durchaus vorstellen. Es wäre ja gar nicht schlecht für die Strategie des *RMW,* die Berater auf einen einheitlichen Ansatz zu verpflichten. Natürlich nur dort, wo es geht. Für ein spezifisches Krisenmanagement, für Konsolidierung und Sanierung ist der Ansatz sicher weniger geeignet. Beim Erweitern von Unternehmen und Aufbauen neuer Geschäftsfelder schon eher, schien der alte Fuchs zu denken.

„Also, das Vorhaben ist für uns interessant. Wir sollten hier Nägel mit Köpfen machen. Seitens des *RMW* wird Jens Jünger, unser Beratungsleiter, an der Konzeptentwicklung mitwirken." Jünger nickte. Heller und er hatten sich offensichtlich abgestimmt.

„Und wir bitten den Stellvertreter unseres *Arbeitskreises Mittelstand* um Mitwirkung", erwiderte Stieglitz und lenkte die Blicke der *RMW*-Repräsentanten auf mich. Klar, dass auch wir uns abgesprochen hatten.

„Dann wäre ja alles in Butter", sagte Heller. Und so erhielten Jens Jünger und ich grünes Licht für unsere anspruchsvolle Aufgabe.

Den Aufbruch vorbereiten

Das Führungskonzept erarbeiten

Mein erstes Treffen mit dem *RMW*-Beratungsleiter verlief so, wie erste Treffen nun einmal verlaufen: Man nimmt Kontakt auf und gewinnt einen ersten Eindruck voneinander. Zugegeben, Jens Jünger beeindruckte mich. Er ist ein Mann in den besten Jahren mit Esprit und Stil. Sein Blick ist offen, seine Sprache klar und ungekünstelt. Er hört hin und zu. Dabei neigt er sich leicht vor, Interesse am Gesprächspartner zeigend. Recht sympathisch, fand ich.

Nach kurzem Smalltalk kamen wir zum Thema. „Ist Ihnen das US-amerikanische Erfolgskonzept *Balanced Scorecard* bekannt?", fragte ich ziemlich unvermittelt.

„Ich habe davon gehört. Vielleicht können Sie mir kurz jenen Teil erläutern, welchen wir nutzen wollen", meinte Jünger. In Form einer Skizze verdeutlichte ich den Konzeptansatz:

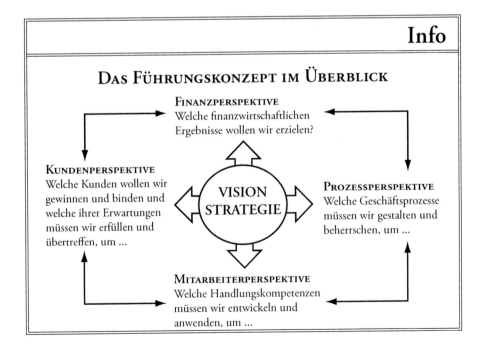

„Das Wesentliche ist, dass die strategische Führung mit dem operativen Management in den Unternehmen direkt verknüpft wird. Dabei geht man von dem unternehmerischen Weitblick, fixiert als Vision und Strategie, aus …"

„Wollen Sie damit sagen, dass sich die Mittelständler etwa mit einer Vision und einer Strategie befassen sollen? Sind sie damit nicht mehrheitlich überfordert?", unterbrach mich der Beratungsleiter.

"Nein, keineswegs. Ich bin felsenfest davon überzeugt, dass kein Unternehmer über einen längeren Zeitraum ohne strategischen Weitblick erfolgreich agieren kann. Außerdem ist es ja unser Job, genau hier unsere Beraterkompetenz einzubringen." Mein Argument überzeugte.

„Klar! Und wie weiter?", fragte Jünger.

„Die Unternehmensstrategie wird mit Bezug auf das Tagesgeschäft untersetzt. Dabei starten wir mit der *Finanzperspektive*: Welche finanzwirtschaftlichen Ergebnisse will das zu beratende Unternehmen erzielen? Mit der Antwort legen wir die Finanzziele fest. Danach wechseln wir zur *Kundenperspektive*: Welche Kunden will das Unternehmen gewinnen und binden, und welche Kundenerwartungen muss es erfüllen und übertreffen, um die Finanzziele zu erreichen? So lautet hier die Frage, deren Antwort die Kundenziele bestimmt." Ich machte eine kurze Pause. Es war Jünger anzusehen, dass er mir so weit folgte. Also fuhr ich fort: „Aus der *Prozessperspektive* ist zu fragen, welche Geschäftsprozesse das Unternehmen gestalten und beherrschen muss, um sowohl die Kunden- als auch die Finanzziele zu erfüllen. Und schließlich interessiert aus der *Mitarbeiterperspektive*, welche Handlungskompetenzen die Mitarbeiter im Unternehmen entwickeln und anwenden müssen, um die Prozess- und Kundenziele sowie – in letzter Instanz – die Finanzziele zu erfüllen."

„So löst sich letztlich alles in Wirtschaftlichkeit auf", folgerte der Beratungsleiter.

„Sie bringen es perfekt auf den Punkt", freute ich mich.

„Können Sie das ‚Untersetzen' an einem Beispiel verdeutlichen?", bat Jünger.

„Aber gern. Nehmen wir an, ein Unternehmen setzt auf Wachstum. Markante Wegpunkte der Wachstumsstrategie sind die Kundengewinnung und -bindung, das Schaffen neuer Märkte und die innovative Produktentwicklung." Jünger nickte zustimmend. Ich fuhr fort: „Wenn ich beispielsweise vom ‚Gewinnen neuer Kunden' spreche, ist das ein qualitatives Ziel. Auf diesem Niveau bleiben viele Unternehmen stehen. Sie wollen ihren Gewinn erhöhen, ihre Kunden zufrieden stellen, ihre Geschäftsprozesse verbessern und ihre Mitarbeiter qualifizieren und so weiter und so fort. Das ist ja alles gut und richtig. Aber es reicht eben nicht aus. Was fehlt, sind Leistungskennzahlen, quantitative Zielvorgaben und zielführende Maßnahmen – und zwar mit konkretem Jahresbezug. Der in der Strategie enthaltene Zeithorizont, sagen wir, fünf Jahre, wird somit in Jahresscheiben untersetzt."

Meine etwas breit ausgefallene Erläuterung spiegelte sich in Jüngers Gesicht wider. Hier muss er durch, dachte ich. Und so fuhr ich fort: „Im Zeithorizont sehe ich übrigens eine Besonderheit mittelständischer Unternehmen. Wenn hier fünf Jahre ins Auge gefasst werden, dann darf das wohl unter den gegebenen wirtschaftlichen Rahmenbedingungen zu Recht mit Weitblick bezeichnet werden. Klar, in Konzernen und Großunternehmen läuft das anders. Hier wird oft mit einem Zeithorizont von zehn oder gar zwanzig Jahren gearbeitet."

Jüngers Hüsteln erinnerte mich an unser Beispiel. „Für das qualitative Ziel ‚Gewinnen neuer Kunden' ist beispielsweise der ‚Umsatzerlös p. a. aus Neukundengeschäft' (Anhang) eine passende Leistungskennzahl. Die Zielvorgabe ist eine Davon-Position vom Umsatzerlös. Dieser soll beispielsweise im laufenden Geschäftsjahr um 15 % gegenüber dem Vorjahr gesteigert werden. Davon sollen aus dem Neukundengeschäft 40 % kommen, so laute die Vorgabe. Als zielführende Maßnahme sei der Geschäftsausbau, d. h. die Fokussierung auf neue Kunden, neue Märkte und neue Produkte, genannt", beendete ich mein Solo.

„Meine Güte, Ökonomie kann ja sogar spannend sein", frotzelte der Beratungsleiter.

Jens Jünger hatte das Führungskonzept verstanden:

> # Info
>
> ## Die Vision wird im Tagesgeschäft verwirklicht
>
> Die Vision ist über die in der Strategie formulierten qualitativen Ziele in Leistungskennzahlen, quantitative Zielvorgaben und zielführende Maßnahmen mit Jahresbezug zu untersetzen.
>
> Wenn die quantitativen Ziele erfüllt werden, dann werden notwendig auch die qualitativen Ziele erreicht, dann wird die Strategie umgesetzt und letztlich die Vision verwirklicht.
>
> Die Einheit von strategischer Führung und operativem Management wird somit hergestellt.
>
> Das Umsetzen der Vision wird im Unternehmen zum Tagesgeschäft aller.

„Das Konzept überzeugt mich. Wir werden es bei ausgewählten Mittelständlern anwenden. Doch, wie vermitteln wir es unseren Beratern?", überlegte Jünger.

„Ich denke zuerst an Ihren Part. Sie könnten ja mal herausfinden, wer aus Ihrem Beraterpool für derartige Aufgaben geeignet ist. Dabei ist es sicher richtig, nicht nur von der Fachkompetenz auszugehen. Auch *emotionale Kompetenz* ist hier gefordert", legte ich nach.

Jünger stimmte zu: „Das will ich gern tun. Wie viele sollten wir einbeziehen? Etwa acht Leute? Wir können ja später aufstocken."

„Was halten Sie davon, die doppelte Anzahl an einem Wochenende zu einem Workshop einzuladen?", fragte ich.

Jünger überlegte kurz: „Klar, das geht. Aber warum sechzehn Leute einladen, wenn wir vorerst nur acht brauchen?"

„Ich denke an ein Auswahlverfahren. Die Kriterien bestimmen die Berater selbst, nämlich über ein gemeinsam zu entwickelndes *Kompetenzprofil*. Das

Bewertungsmuster bringe ich ein. Letztlich entscheiden Sie, wer in das Beraterteam aufgenommen wird."

„Na, wir werden sehen", meinte Jünger und gab damit sein Einverständnis.

Die Beraterkompetenzen bestimmen

Die 36. Kalenderwoche ging zu Ende. Während sich andere Leute auf ein erholsames Wochenende einstellten, machten sich vierzehn Beratungsprofis mit ihren Schlafutensilienkoffern auf den Weg.

Jens Jünger hatte in ein nahe gelegenes Landhotel eingeladen. Auf der Tagesordnung standen drei Themen: Das Führungskonzept, die abzuleitenden Beraterkompetenzen und das zu bildende Beraterteam. Sie sollten vom Freitagmittag bis Samstagnachmittag in der genannten Reihenfolge behandelt werden.

Pünktlich 13 Uhr eröffnete Jünger den Workshop. Er erläutete kurz den Zweck des Treffens. Dann stellte er mich den Beratern als Repräsentant des *Arbeitskreises Mittelstand* vor. Vier Kollegen, die teilnehmen sollten, seien nicht angereist, teilte er mit. Drei davon hätten wohl kalte Füße bekommen, als sie die Themen zur Kenntnis nahmen. Einer sei krank geworden. Dann kam Jünger zum Punkt: „Sie alle sind Beratungsprofis. Ich bitte Sie heute und morgen um höchst konzentrierte Arbeit. Mit unseren Themen betreten wir absolutes Neuland. Das gilt sowohl für das Definieren, Messen und Bewerten der Beraterkompetenzen als auch für die Bildung des Teams."

Jüngers Worte beeindruckten die Anwesenden. Zweifelt er neuerdings etwa an unserer Kompetenz, fragten sich wohl die einen. Ihre Mienen verrieten Vorsicht und Distanz. Die anderen wiederum schauten herausfordernd in die Runde.

„Herr Jünger hat mich gebeten, Ihnen das Führungskonzept vorzustellen. Um unsere Zeit gut zu nutzen, möchte ich es Ihnen im Stück bieten. Im Anschluss daran sollten wir diskutieren." Ich bat für zehn Minuten um Gehör.

Das Konzept kam gut an. In der Diskussion wurde nach dem Detaillierungsniveau von Vision und Strategie und den abzuleitenden Leistungskennzahlen gefragt. „Können wir das Ganze nicht anhand eines Beispiels durcharbeiten", fragte eine gut aussehende Beraterin, die sich offensichtlich auch über ihr Äußeres definierte. Ringsum zustimmendes Kopfnicken.

„Welches Unternehmen schlagen Sie denn für das Beispiel vor?" Genannt wurden Produktions- und Dienstleistungsunternehmen, in denen die Experten tätig waren. „Gut. Aber denken Sie bitte an eine Voraussetzung. Alle Anwesenden müssten über die Spezifik des Unternehmens in etwa informiert werden. Das erfordert Zeit. Was sagen Sie dazu, ein Unternehmen zu wählen, das Sie alle gut kennen?" Ich schaute in die Runde, eine Reaktion erwartend. Mehrfach genannt wurde der *RMW*, der Auftraggeber der Berater.

„Gut, also nehmen wir den *RMW* als Beispiel, um das Konzept zu verdeutlichen", bestätigte ich. Damit war das Eis gebrochen. Das Interesse aller war geweckt.

„Dann darf ich Ihnen eine erste Aufgabe stellen. Notieren Sie bitte jene Grundaussagen, welche Sie in eine Vision und Strategie für den *RMW* einbringen würden." Ich schaute in die Runde und bemerkte eine gewisse Unsicherheit im Herangehen an die Aufgabe. Geteiltes Leid ist ja bekanntlich halbes Leid. „Bilden Sie doch bitte drei Arbeitsgruppen mit je vier Leuten. Nach fünfzehn Minuten kann dann jede Gruppe die Ergebnisse präsentieren", schlug ich vor.

Der Zeitdruck wirkte produktiv. Die Gruppen erfüllten ihre Aufgabe mit fünf Minuten Zeitzugabe. Neben Aussagen zur Grundaufgabe, zur Zielgruppe und zu den Leistungsarten des *RMW* wurden als strategische Ziele die „Marktführerschaft im jeweiligen Bundesland" und „Attraktiver Bieter eines den Wettbewerbern überlegenen Kundennutzwerts" genannt.

Über beide Ziele wurde heftig debattiert. „Soviel ich weiß, haben wir die Marktführerschaft in unserem Bundesland", brachte ein gestandener Berater ein. „Darin würde ich kein Ziel mit Weitblick sehen", fügte er hinzu. Auf seinem Namensschild stand Roland Ritter.

„Aber nun mal langsam, Herr Ritter. Sagen Sie doch bitte, wie und womit Sie die Marktführerschaft messen wollen?", fragte Susi Sander, die Beraterin mit dem ansprechenden Äußeren.

„Na, das ist doch die kleinste Übung. Ich messe den ‚Marktanteil'. Dabei setze ich den aus *RMW*-Beratungen für mittelständische Unternehmen im

Bundesland erzielten Umsatzerlös ins Verhältnis zum erzielten Gesamterlös aus allen Beratungen für die gleiche Zielgruppe im gleichen Land." Ritter antwortete kompetent.

"Und woher nehmen Sie die aktuellen Marktdaten? Dass wir den *RMW*-Erlös ermitteln können, ist mir klar. Dass wir aber den Gesamterlös erfahren, wage ich zu bezweifeln. Wer sollte ihn denn erfassen?", opponierte Frau Sander.

Trotz heftigen Hickhacks waren sich letztlich alle einig. Um die Kennzahl „Marktanteil" zu verwenden, müssten die Marktdaten zugängig und verlässlich sein. Gut, dass Jünger hier einhakte: „Ich werde mich dazu beim Statistischen Landesamt erkundigen. Lassen Sie uns bitte fortfahren."

„Da wäre noch das Ziel ‚Attraktiver Bieter eines den Wettbewerbern überlegenen Kundennutzwert'," forderte ein junger Mann, Rico Reichert, das Weiterführen unseres Beispiels ein. „Ich denke, dass wir dieses Ziel mit zwei Kennzahlen ansteuern sollten. Da wäre erstens die ‚Bieterattraktivität' (Anhang) und zweitens die ‚Nutzwertführerschaft'," (Anhang) fügte er hinzu und schaute selbstbewusst in die Runde. Kennt er sich aus oder bluff er nur, fragte ich mich. Jedenfalls hat der junge Mann zwei innovative Leistungskennzahlen erfolgsorientierter Unternehmensführung genannt.

„Wie wollen Sie denn beispielsweise die ‚Bieterattraktivität' messen? Was meinen Sie überhaupt damit?" Beate Bellmann stand auf dem Namensschild der Beraterin.

Rico Reichert fühlte sich angesprochen: „Das aufzuzeigen wäre ein abendfüllendes Programm." Auf Jünger blickend, fügte er hinzu: „Ich würde das ja ganz gern tun. Ich weiß jedoch nicht, ob unsere Zeit das zulässt."

„Danke für das Angebot. Wir sollten uns jetzt eine kurze Kaffeepause gönnen. Herrn Reichert bitte ich, uns vorzuschlagen, wie aus dem Abendprogramm ein etwa zehnminütiges Nachmittagsprogramm gestaltet werden kann. Ich denke schon, dass der Umgang mit jenen Kennzahlen wichtig ist, welche kein direktes Messen und Bewerten zulassen. Und genau dafür stehen ja die beiden Genannten." Der Beratungsleiter hatte klug entschieden.

Nach der Pause kam Reicherts Vorschlag: „Aus Zeitgründen sollten wir uns auf die ‚Bieterattraktivität' konzentrieren. Anhand dieser Leistungskennzahl können wir das Definieren, Messen und Bewerten exemplarisch vornehmen. Wenn Herr Jünger zustimmt, würde ich gern die Moderation übernehmen."

Jünger nickte: „Herr Reichert hat das Wort."

Und Reichert machte etwas daraus. Moderierend trug er zusammen (Anhang): „Die ‚Bieterattraktivität' gibt an, wie zugkräftig ein Bieter, beispielsweise auch der *RMW*, aus der Sicht eines Kunden ist. Die Merkmale dazu sind zu bestimmen und zu gewichten. Auf dieser Basis ist die Attraktivität der Bieter zu messen und zu bewerten. Die Kennzahl kann beim Kunden, also auch bei den zu beratenden Unternehmen, angewendet werden mit dem Ziel, den zugkräftigsten Bieter auszuwählen und somit die Auftragsvergabe weitgehend zu objektivieren." Die Zeitvorgabe hatte Reichert eingehalten. Das Wesentliche war gesagt. Bravo, junger Mann!

„Also, das kommt mir alles etwas realitätsfern vor. Wir kennen doch die Praxis und haben unsere Erfahrungen. Welches kleine oder mittlere Unternehmen wählt denn schon sein Beratungsunternehmen aus? Die kommen doch gar nicht auf die Idee, sich nach einem anderen Bieter umzuschauen. Unsere Kunden wissen ganz genau, dass beim *RMW* sowohl die Fördermittel als auch die Beraterkompetenz vorhanden sind. Beides sind doch die zugkräftigsten Merkmale. Andere werden nicht gebraucht. Was also soll die Übung?", meinte Frau Bellmann und schaute Beifall erwartend in die Runde.

Vorerst Schweigen im Wald. Dann positionierte sich Sven Seifert, ein Berater mittleren Alters: „Ich denke, hier geht es nicht darum, die Praxis des *RMW* zu diskutieren. Vielmehr sollten wir uns, wie vorgesehen, zum prinzipiellen Umgang mit komplexen Leistungskennzahlen verständigen." Nach kurzer Pause ergänzte er: „Als Berater war ich schon mehrmals in vorbereitende Arbeiten zur *Zertifizierung von Managementsystemen* bei Kunden einbezogen. Hier fordert die gültige *EU-Norm* beispielsweise, dass die Unternehmen Kriterien aufstellen müssen, anhand derer die Lieferanten ausgewählt und nach dem Erbringen der Leistung bewertet werden. Das ist doch genau unsere Problematik. Schließlich sind Lieferanten ja auch Bieter. Auch sie sind mehr oder weniger attraktiv. Was wir gerade diskutieren, hat für mich eine hohe Praxisrelevanz. Wir sollten also fortfahren."

Sven Seifert konnte die Anwesenden von seiner Meinung überzeugen. Nur Beate Bellmann schien verschnupft zu sein. Hatte sie etwa auf das falsche Pferd gesetzt?

Nein, nicht das Pferd, sondern die Denk- und Handlungsmuster der Beraterin waren das Problem. Dazu notierte ich:

> **Notiz**
>
> **IST BEATE FÜR DAS BERATERTEAM GEEIGNET?**
>
> Beate Bellmann hatte zwar Rico Reicherts Moderationsergebnis gehört, es jedoch nicht verstanden.
>
> Die Fähigkeit, von der *RMW*-Spezifik zu abstrahieren und das Ergebnis als ein allgemein gültiges Vorgehen für das Lösen von Auswahl- und Bewertungsproblemen zu akzeptieren, war bei Frau Bellmann in dieser Situation nicht erkennbar.
>
> Also: Vorsicht! Fehlendes Abstraktionsvermögen? Destruktive Erfahrung?

Glücklicherweise signalisierte Frau Bellmann schnell wieder Kooperationsbereitschaft. Sie gehört offensichtlich nicht zu den Menschen, die nach einem Fehlversuch mit trüben Gedanken und einem zerknautschten Gesicht tagelang ihre Mitmenschen terrorisieren.

Irgendwie hatte ich den Eindruck, als wollten jetzt alle das Definieren, Messen und Bewerten üben. Also, wiederum Gruppenarbeit mit Ergebnispräsentation. „Bestimmen Sie bitte jene Kriterien, anhand derer Sie die ‚Bieterattraktivität' messen und bewerten wollen. Versuchen Sie bitte auch, sich über die Gewichtung der Merkmale zu verständigen. Gestalten Sie Ihren Vorschlag allgemein gültig. Die Spezifik einzelner Bieter lassen Sie bitte weg. Ich denke, dass Sie in zwanzig Minuten Ihre Ergebnisse vorstellen können", formulierte ich die zweite Aufgabe.

Die Ergebnismoderation übernahm Roland Ritter. Er trug sieben Merkmale und deren Gewichtung zusammen:

> ### Beispiel
>
> **Merkmale der Bieterattraktivität**
>
> | Merkmal | Gewicht |
> |---|---|
> | Zufriedenheit des Kunden mit bisheriger Leistungsqualität des Bieters | 0.25 |
> | Eingehaltene Nutzwertversprechen aus bisheriger Bieterleistung | 0.20 |
> | Wahrgenommenes Preis-/Leistungsverhältnis des Bieters | 0.15 |
> | Rufbild des Bieters bzw. der Produktmarke | 0.15 |
> | Servicequalität und Kundendienst des Bieters | 0.10 |
> | Grad der Ausstattung mit Produkten des Bieters | 0.10 |
> | Präferenz im Beziehungsnetz zum Bieter | 0.05 |
> | | *1.00* |

Sichtlich erfreut über seinen Beitrag wollte Ritter sofort zum Messen und Bewerten übergehen.

„Einen Moment bitte. Was genau meinen Sie mit ‚Eingehaltene Nutzwertversprechen aus bisheriger Bieterleistung'?", fragte Marcus Mannes, ein Juniorberater.

Ritters Antwort kam prompt: „Aus Bietersicht interessiert primär die Leistung. Sie wird spezifiziert und hat einen Preis. Der Kunde hingegen will für sein Geld einen adäquaten Nutzwert. Den verspricht der Bieter, um den Auftrag zu erhalten. Bewertet wird also, in welchem Maß der versprochene Nutzwert beim Kunden tatsächlich eingetreten ist." Mannes nickte.

Und Ritter fuhr fort: „Zurück zur ‚Bieterattraktivität'. Die können wir nicht direkt messen und bewerten. Vielmehr müssen wir indirekt vorgehen. Dazu schaffen wir uns für jedes Merkmal ein Bewertungsmuster. Es besteht aus zwei Teilen. Im Textteil sind Aussagen zum Sachverhalt als Muster erfasst. Der Bewertungsteil enthält den zugehörigen numerischen Wert. Wenn der vorliegende Sachverhalt mit dem Textmuster übereinstimmt, dann wird er bewertet. Nur wenn wir den Sachverhalt, über den wir sprechen, messen und bewerten können, können wir ihn auch steuern und verbessern. Das ist das Prinzip."

„Können wir so ein Bewertungsmuster vielleicht auf das von mir genannte Merkmal anwenden?", fragte Mannes.

„Aber gern", antwortete Ritter. „Sie nannten ‚Eingehaltene Nutzwertversprechen aus bisheriger Bieterleistung'. Wenn der eingetretene Kundennutzwert deutlich das versprochene Soll übersteigt, dann wird dieser Sachverhalt mit 1.0 bewertet. Falls das Soll in keiner Weise erreicht wurde oder beim Kunden kein Nutzwert eingetreten ist, bewerten wir den Sachverhalt mit 0.0."

Beispiel

Das Bewertungsmuster „Nutzwertversprechen"

Textteil	Wert
Der eingetretene Kundennutzwert übersteigt deutlich das versprochene Soll.	1.0
Der eingetreten Kundennutzwert entspricht dem Soll	0.5
Das Soll ist in keiner Weise erreicht worden. Beim Kunden ist kein Nutzwert eingetreten.	0.0

Ritter fuhr fort: „Wenn wir auf diese Art und Weise alle Bieter nach den sieben Merkmalen bewertet haben, können wir den attraktivsten Bieter berechnen. Dazu bilden wir für jeden Bieter die Summe aus den Gewichten multipliziert mit den jeweiligen Bewertungen. In unserem Beispiel erhalten wir für den Bieter B1 einen Attraktivitätswert von 0.820. Für B2 wurde 0.670 und für B3 ein Wert von 0.505 ermittelt. B1 ist also der zugkräftigste Bieter. Er sollte den Auftrag erhalten."

> ### *Beispiel*
>
> ## *Die Attraktivitätswerte der Bieter*
>
> | Merkmal | Gewicht | Bewertung der Bieter B_i (i = 1, 2, 3) | | |
> |---|---|---|---|---|
> | | | B1 | B2 | B3 |
> | Kundenzufriedenheit | 0.25 | 0.8 | 0.6 | 0.5 |
> | Nutzwertversprechen | 0.20 | 1.0 | 0.8 | 0.5 |
> | Preis-/Leistungsverhältnis | 0.15 | 0.7 | 0.5 | 0.2 |
> | Rufbild, Produktmarke | 0.15 | 0.8 | 0.8 | 0.6 |
> | Servicequalität, Kundendienst | 0.10 | 0.9 | 0.7 | 0.7 |
> | Ausstattungsgrad | 0.10 | 0.8 | 0.6 | 0.5 |
> | Beziehungsnetz | 0.05 | 0.5 | 0.7 | 0.8 |
> | **Index der Bieterattraktivität** | | **0.820** | **0.670** | **0.505** |

Falls Sie das Beispiel ausführlicher nachlesen möchten, dann greifen Sie bitte zum Anhang. Die exemplarisch beschriebene Methode ist für die Lieferantenauswahl und -bewertung im Sinne der *EU-Norm zur Zertifizierung von Managementsystemen* sofort praktisch verwendbar.

Mit Blick auf die vorgerückte Zeit fasste Jens Jünger den Nachmittag zusammen: „Wir haben das erste Thema unseres Workshops – das Führungskonzept – behandelt und es anhand von Beispielen verdeutlicht. Ich bitte Sie, das Konzept im Nachgang zu verinnerlichen und sich das vermittelte Know-how zu Eigen zu machen. Bitte machen Sie sich insbesondere mit der Methode zum Bilden jener Leistungskennzahlen vertraut, welche ein direktes Messen und Bewerten nicht zulassen. Übrigens: Wenn Sie möchten, treffen wir uns nach dem Abendessen noch zu einem Glas Wein." Mit diesen Worten blies er zum Aufbruch. Feierabend für heute.

Am Samstagvormittag starteten wir mit dem zweiten Thema – der Beraterkompetenz. Da der „harte Kern" bis gegen 2 Uhr durchgehalten hatte, waren gewisse Anlaufschwierigkeiten offensichtlich. Der Beratungsleiter bat mich, wieder die Regie zu übernehmen.

„Zum Aufwärmen sollten wir uns über den Kompetenzbegriff verständigen. Hierzu gibt es ja auch wieder eine Deutungsvielfalt", stimmte Jünger seine Leute ein. Fast einheitlich verharrten die Meisten der „Nachttagenden" in einer Kinnstütz-Position mit leicht geneigtem Kopf. Hier muss wohl die Regie etwas tun, dachte ich. Spülen wir das Gehirn kurz durch: „Sie sind alle Berater. Welche Kompetenzen müssen Sie denn in der täglichen Arbeit einbringen, um Ihre Brötchen zu verdienen? Notieren Sie bitte die fünf wichtigsten Kompetenzen innerhalb der nächsten drei Minuten. Also, auf geht's!"

Marcus Mannes, einer der Kinnstützer, ergriff die Initiative und fasste moderierend jene Kompetenzen zusammen, welche ihm zugerufen wurden. „Zielfokussierung", „Ergebnisverantwortung" und „Durchsetzungskraft" notierte er, gefolgt von „Selbstwahrnehmung", „Selbststeuerung" und „Einfühlungsvermögen". Hinzu kamen „Analysieren", „Strukturieren" und „Konzeptualisieren".

„Und das alles soll gemessen und bewertet werden?", stöhnte Karsten König. Als Quereinsteiger war er seit zwei Jahren als *RMW*-Berater tätig. Seine Kollegen sagten, er sei im Sanierungsconsulting erfolgreich. Hier jedenfalls glänzte er nicht.

Mannes behielt die Initiative: „Zur Kompetenzdiskussion möchte ich ein Flächenmodell anbieten. Es ermöglicht ein Systematisieren und Ordnen." Der Juniorberater präsentierte selbstbewusst sein Modell:

Info

Marcus: „Kompetenz heisst, Fläche zu besitzen!"

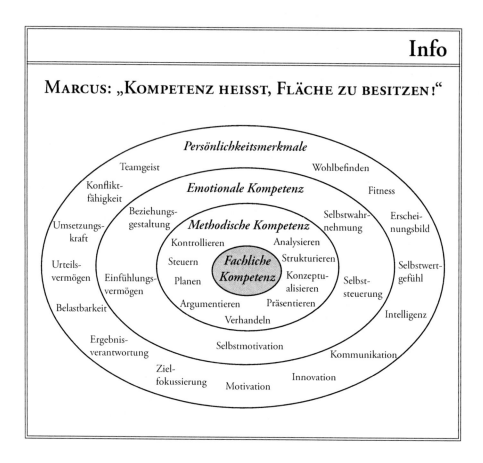

„Bitte stellen Sie sich das Erstgespräch mit einem potenziellen Beratungskunden vor. Welche Ihrer Kompetenzen werden vom Kunden zuerst wahrgenommen? Ihre fachliche Kompetenz? Wohl kaum! Vielmehr registriert der Kunde zuerst bestimmte Merkmale Ihrer Persönlichkeit. Dazu gehören unter anderem Ihr Erscheinungsbild, Ihre Kommunikation und Ihr Selbstwertgefühl, das Sie hoffentlich ohne Arroganz ausstrahlen. Und genau das befördert beim Kunden Sympathie, Aufmerksamkeit und Interesse. Oder eben nicht. Nur im positiven Fall gibt er Ihnen die Chance, schrittweise zu Ihrer fachlichen Kompetenz, die den Kern bildet, vorzustoßen."

„Hervorragend!", applaudierte Rico Reichert, der ähnlich wie Mannes dachte.

„Wenn ich Sie richtig verstehe, hat die Anzahl und die Besetzung der Schalen etwas mit der Qualität und Quantität der Kompetenz zu tun. Wollen Sie sagen, dass die Fläche als Maß für die Kompetenz gesehen werden kann?", folgerte Sven Seifert.

„Genau das will ich sagen. Kompetenz heißt, Fläche zu besitzen! Je größer Ihre Kompetenzfläche ist, desto mehr sind Sie gefragt, desto höher ist Ihr Marktwert", brillierte Mannes.

„Diesen Ansatz führen wir beim Messen und Bewerten der Beraterkompetenzen weiter. Doch lassen Sie uns kurz die Sicht wechseln. Denken Sie bitte mal an den Untergang der Titanic. Können Sie den Eisberg vor Ihrem geistigen Auge sehen? Ja? Falsch! Was Sie sehen, ist bestenfalls dessen Spitze. Der größte Teil des Eisbergs ist unter der Wasseroberfläche verborgen", klinkte sich der Beratungsleiter ein.

„Aus unserem Flächenmodell formen wir gedanklich einen Eisberg. Die fachliche Kompetenz wird zur Spitze hochgezogen. Sie ragt aus der Wasserfläche heraus. Den tragenden Sockel bilden die Persönlichkeitsmerkmale. Darauf setzen die emotionale und die methodische Kompetenz auf", ließ uns Jünger an seiner Eisberginterpretation teilhaben.

„Alles schön und gut. Aber wie kommen wir nun zu der geforderten Beraterkompetenz", drängte Frau Sander. Sie gehörte zu den „Nachttagenden". Trotzdem sah sie fit und frisch aus.

„Ganz einfach, Frau Sander. Wir orientieren uns wie immer an der Spitze", antwortete Jünger vergnügt.

„Und wie weiter?", fasste Mannes nach. Er sah sein Flächenmodell in Gefahr.

„Ihr Modell bleibt völlig erhalten. Ich möchte ihm lediglich eine weitere Dimension hinzufügen. Sie sehen, dass auf der äußeren Schale allgemeine, in unterschiedlichsten Tätigkeiten geforderte Persönlichkeitsmerkmale platziert sind. Mit jeder weiteren nach innen gerichteten Schale nimmt der Bezug zur konkreten Arbeitsaufgabe zu." Jünger hielt kurz inne. Seine Leute folgten ihm. Er konnte fortfahren: „So können Sie die emotionale und methodische Kompetenz für ganze Aufgabenklassen verwenden. Denken Sie beispielsweise an Führungsaufgaben im mittleren

Management oder an verschiedenartige Beratungsaufgaben. Die ganz speziellen Anforderungen, welche zum Erfüllen einer konkreten Arbeitsaufgabe und zum Erzielen der geforderten Ergebnisse notwendig sind, bilden den Kern – die Spitze des Eisbergs. Genau damit wollen wir uns nach einer Pause befassen."

„Wir kommen recht gut voran. Ich denke, wir schaffen unser Programm. Wie sehen Sie denn das?", fragte mich Jünger. „Das denke ich auch. Wir haben ein hervorragendes Arbeitsklima. Es macht mir große Freude, mit guten Leuten zu arbeiten", bestätigte ich.

„Also, erklimmen wir die Spitze unseres Eisbergs. Befassen wir uns jetzt mit der Fachkompetenz", stimmte Jünger seine Leute auf die nächste Etappe ein. Sven Seifert fand den passenden Einstieg: „Wenn wir sagen, dass die Fachkompetenz einen direkten Beitrag zur Aufgabenerfüllung und Ergebniserzielung leistet, dann sollten wir sie auch mit Bezug auf den Beratungsprozess definieren."

„Richtig. Übrigens, wir haben doch unser *RMW*-spezifisches Prozessmodell. Es legt den Ablauf des Beratungsprozesses im Sinne einer Handlungsanleitung fest. Das sollten wir nutzen", meinte Jünger.

Reichert wollte diese Position nicht ganz teilen: „Wenn ich auf das Prozessmodell schaue, kann ich zwar die Anforderungen an die Fachkompetenz ableiten. Hierzu zähle ich das Akquirieren eines Beratungsauftrags, das Analysieren des Kundenproblems, das Entwerfen der Problemlösung etc. bis zum Abschließen des Beratungsauftrags …"

„Genau das entspricht doch unserem Prozessmodell", fiel ihm König ins Wort.

„… Was ich sagen wollte, ist, dass die am Prozessablauf festgemachten Anforderungen nicht ausreichen, um die Beratungsaufgabe zu erfüllen und das geforderte Ergebnis zu erzielen. Was fehlt, sind prozessüberlagernde Fähigkeiten und Fertigkeiten und zielführendes Verhalten. Konkret meine ich das Gestalten der Kundenbeziehungen, das Managen des Beratungsprojekts und oft auch das Führen eines Beraterteams. Wir sollten also die Beraterkompetenz in einem erweiterten Sinn, also über die Fachkompetenz hinausgehend, auffassen. Ich schlage vor, dafür den Begriff *Handlungskompetenz* zu verwenden."

Und Reichert präzisierte den Begriff: „Die *Handlungskompetenz* leistet also einen direkten Beitrag zur Aufgabenerfüllung und zur Ergebniserzielung. In jenem

Maße, in welchem wir die Kompetenzanforderungen inhaltlich gut definieren, können wir auch die *Handlungskompetenz* gut messen und bewerten."

„Ich halte Herrn Reicherts Beitrag für sehr wertvoll. Ausdrücklich zustimmen möchte ich der Begriffsbestimmung", positionierte sich der Beratungsleiter.

„Danke für die Blumen. Übrigens, an unserem Prozessmodell ändern wir gar nichts. Wir überlagern es nur durch fachübergreifende Kompetenzanforderungen. Bestimmen wir zum Beispiel die *Handlungskompetenz* eines Projektleiters im Beraterteam, so sollten wir uns an neun Anforderungen orientieren. Sechs davon entsprechen dem Prozessablauf, drei überlagern ihn." Reichert skizzierte seinen Gedankengang:

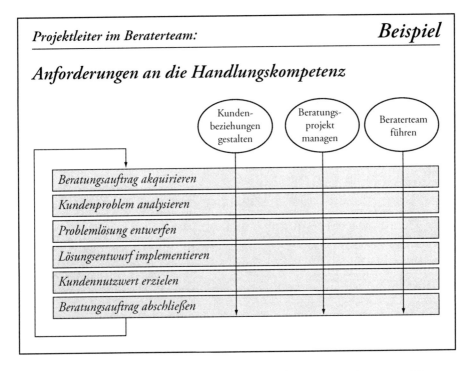

„Das ist ein sehr konstruktiver Ansatz. Er kombiniert Bewährtes mit Neuem. Übrigens gefällt mir, dass Sie die *Handlungskompetenz* als Bündel von Einzelkompetenzen auffassen. Das passt gut zu dem diskutierten Flächenmaß", meinte Frau Sander und lächelte charmant.

„Ich denke, wenn wir die genannten neun Anforderungen inhaltlich untersetzen, schaffen wir die Basis für das Messen und Bewerten der *Handlungskompetenz*", schob Jünger die nächste Aufgabe an. Ich spürte das Signal zur Regieübernahme: „Also, dann mal los! Gruppenarbeit ist wohl wieder sinnvoll. Nehmen Sie doch bitte die Kompetenzanforderung ‚Beratungsauftrag akquirieren' und untersetzen Sie diese inhaltlich."

„Einen Moment bitte. Sollten wir die Kompetenzanforderungen nicht auch gewichten? Ich erinnere mich an das Beispiel ‚Bieterattraktivität'. Da haben wir das ja auch getan", warf Roland Ritter ein. Er hatte Recht. Also Regie ändern!

„Dann beginnen Sie die Gruppenarbeit bitte mit dem Gewichten der Kompetenzanforderungen. Und danach, weiter wie vorgesehen", präzisierte ich.

Nach etwa 15 Minuten hatte Ritters Team die Aufgabe erfüllt, und er konnte das Ergebnis präsentieren:

Beispiel

Die gewichteten Kompetenzanforderungen

Kompetenzanforderung	*Gewicht*
1 *Beratungsauftrag akquirieren*	*0.20*
2 *Kundenproblem analysieren*	*0.15*
3 *Problemlösung entwerfen*	*0.10*
4 *Lösungsentwurf implementieren*	*0.10*
5 *Kundennutzwert erzielen*	*0.15*
6 *Beratungsauftrag abschließen*	*0.05*
7 *Kundenbeziehungen gestalten*	*0.15*
8 *Beratungsprojekt managen*	*0.05*
9 *Beraterteam führen*	*0.05*
	1.00

„Die Anforderung 1 gewichten wir mit 0.20, die 2 mit 0.15 usw. Für die Anforderung 9 sehen wir 0.05 vor. Soviel zum ersten Teil der Aufgabenstellung." Und ohne Pause setzte Ritter fort: „Die erste Anforderung haben wir mit fünf Teilanforderungen untersetzt, nämlich das ‚Entwickeln der Akquisitionsstrategie', das ‚Anbahnen der Kundenkontakte', das ‚Führen der Kundengespräche', das ‚Unterbreiten der Beratungsangebote' und das ‚Erzielen des Beratungsauftrags' (Anhang)."

„Also, den Teilanforderungen stimme ich zu. Doch zu den Gewichten kommen mir erhebliche Zweifel. Ich verstehe nicht, warum Herr Ritter solche wichtigen Anforderungen, wie ‚Beratungsprojekt managen' und ‚Beraterteam führen' nur mit 0.05 gewichtet", warf Susi Sander ein.

„Ja, wir sollten uns über die Gewichte doch noch verständigen. Schlagen Sie doch bitte auf Zuruf die einzelnen Gewichte vor. Wir ermitteln dann den Durchschnitt", ging Jünger auf Frau Sanders Einwurf ein. „Obwohl ... beim zweiten Blick fällt mir auf, dass in Herrn Ritters Gewichtung eine gewisse Logik liegt. Offensichtlich hat er die Schnittstellen zum Kunden bevorzugt. Das finde ich gut. Der Kunde ist nun mal das A und O in unserem Beratungsgeschäft. Wie auch. Mehr als 1.0 steht uns als Summe der Gewichte ohnehin nicht zur Verfügung", ergänzte der Beratungsleiter. Die Zeit war fortgeschritten. Und Jünger überzeugte mit seinem Kundenfokus. Zwei gute Gründe, um letztlich Ritters Vorschlag zu folgen.

Auch die anderen drei Arbeitsgruppen hatten in der Zwischenzeit ihre Ergebnisse erzielt. Es war die Stunde der Detailarbeiter. In mühevoller Kleinarbeit wurden die neun Kompetenzanforderungen inhaltlich untersetzt. Auch hier darf ich Sie auf den Anhang verweisen. Dort finden Sie die Details zum Beispiel.

Das Beraterteam berufen

„Wir kommen nun zum Kernpunkt unserer Arbeit – zum Messen und Bewerten der *Handlungskompetenz*", eröffnete Jünger das Nachmittagsprogramm. Dann forderte er mich auf, das Bewertungsmuster vorzustellen.

„Das Prinzipielle kennen Sie ja schon. Wir hatten es uns gestern Nachmittag erarbeitet, als wir die ‚Bieterattraktivität' besprachen. Auch heute geht es wieder um das indirekte Messen und Bewerten. Unser Gegenstand ist die *Handlungskompetenz*." Gespannt erwarteten die Experten die Präsentation des Bewertungsmusters:

Info

Die Handlungskompetenz

| Kompetenzniveau | Bewertung |

Höchst professionell..1.00
Setzt alle definierten Kompetenzanforderungen vollständig um: stets ganzheitlich, fundiert, sicher, wirtschaftlich; erschließt das eigene Leistungspotenzial umfassend, ist proaktiv: stets analysierend, messend, bewertend, lernend und verbessernd; signalisiert deutlich, dass die Spitzenleistungen, die zu den exzellenten Ergebnissen führen, zukünftig beibehalten werden.

Professionell...0.50
Setzt die definierten Kompetenzanforderungen im Wesentlichen um: meist ganzheitlich, fundiert, sicher, wirtschaftlich; erschließt das eigene Leistungspotenzial weitgehend, ist meist reaktiv:
meist analysierend, messend, bewertend, lernend, verbessernd; signalisiert deutlich, dass die Standardleistungen, die zu den geforderten Ergebnissen führen, zukünftig beibehalten werden.

Höchst unprofessionell 0.00
Setzt die definierten Kompetenzanforderungen nicht oder völlig unzureichend um. Erschließt das eigene Leistungspotenzial nicht oder kaum, ist meist inaktiv; signalisiert deutlich, dass die Minderleistungen, die zu den inakzeptablen Ergebnissen führen, zukünftig beibehalten werden.

„Das Muster basiert wiederum auf einem Textteil und den zugehörigen Zahlenwerten. Drei Niveaus der Handlungskompetenz sind definiert. Selbstverständlich können Sie bei Bedarf auch Zwischenniveaus einführen", erläuterte ich.

Das Bewertungsmuster traf auf Aufmerksamkeit. Ich erlebte die gedanklich ablaufenden Mechanismen der Selbstbewertung hautnah. Welchem Niveau ordne ich mich zu, schienen sich die Anwesenden zu fragen. Eine ganze Weile schwiegen sie. Das Angebotene musste erst verdaut werden. Sogar Jünger klebte am Muster. Dann startete er: „Ich schlage vor, jeder von uns bewertet sich selbst. Wir haben die Kompetenzanforderungen vorliegen. Und wir haben ein Bewertungsmuster. Jeder kennt seine individuelle Kompetenzausprägung am besten. Eine Selbstbewertung bietet sich hier geradezu an."

Mein Blick in die Runde erfasste die Situation. Die jüngeren Leute, wie Rico Reichert und Marcus Mannes, hatten mit Jüngers Vorschlag offensichtlich keinerlei Probleme. Sie saßen gespannt in den Startlöchern. Merklich schwerer taten sich Beate Bellmann und Karsten König. Möglicherweise dachten beide darüber nach, warum sie sich das antun sollen. Und überhaupt! Bisher lebte es sich doch ganz gut als *RMW*-Berater. Das wird ja wohl auch in der Zukunft so sein. Bei Susi Sander und Roland Ritter konnte ich eine solche Geisteshaltung nicht erkennen. Beide verstanden die Aufgabe. Und sie war zu erfüllen.

Jünger wollte den Härtetest, wie er die Selbstbewertung nannte. Schließlich sollten ja nur jene Berater in das Team aufgenommen werden, von deren *Handlungskompetenz* er völlig überzeugt war. Und wieder aktivierte Jünger die Regie. „Haben Sie noch irgendwelche Fragen dazu? Falls nicht, beginnen Sie bitte mit Ihrer Selbstbewertung", gab ich vor.

Nach etwa einer Viertelstunde waren die Ersten fertig. Dem Wunsch, den anderen noch fünf Minuten zuzugeben, gab der Beratungsleiter statt. Dann hatte auch der Rest die Aufgabe erfüllt. „Hat jemand die Absicht, sein Ergebnis vorzustellen?", fragte ich.

Wie vermutet, Reichert und Mannes waren dazu bereit. Sie stimmten sich kurz ab. Dann nannte Reichert seine Werte. „Ich denke, wir können daraus sofort ein *Kompetenzprofil* entwickeln", sagte er und tat es:

Beispiel

Ricos Kompetenzprofil

Rico Reichert bewertete seine Handlungskompetenz wie folgt:

1. Beratungsauftrag akquirieren 0.60
2. Kundenproblem analysieren 0.80
3. Problemlösung entwerfen 0.80
4. Lösungsentwurf implementieren 0.60
5. Kundennutzwert erzielen 0.75
6. Beratungsauftrag abschließen 0.70
7. Kundenbeziehungen gestalten 0.70
8. Beratungsprojekt managen 0.35
9. Beraterteam führen 0.80

Die Bewertung visualisierte er als Kompetenzprofil. Die Fläche ist das Maß für Ricos Handlungskompetenz.

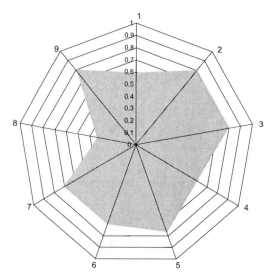

Die visualisierte Auswertung verblüffte das Gremium. Darstellung und Aussage waren neu für die Berater. Wortfetzen wie „Selbstüberschätzung" und „Realitätsverlust" waren zu hören. Doch auch zustimmende und bestätigende Worte schwangen mit. Kurzum, Aufregung allenthalben.

„Wie Herr Reichert seine *Handlungskompetenz* selbst bewertet, ist höchst interessant. Er verdeutlichte seine Stärken, insbesondere in den Kompetenzdimensionen 2, 3 und 9. Gleichwohl zeigte er aber auch Schwächen auf, beispielsweise im Projektmanagement – der Dimension 8. Hier liegt für ihn ein Verbesserungspotenzial, das er erschließen sollte", kommentierte ich.

Jüngers Geistesblitz richtete die Gedanken neu aus: „Was wir als Grafik sehen, ist Rico Reicherts Selbstbild. Ich denke, wir brauchen eine Art Gegendarstellung, ein Fremdbild. Eine andere Person, die mit Herrn Reichert zusammenarbeitet, sollte dessen Kompetenzausprägung nach dem gleichen Muster bewerten. Dann hätten wir zwei Bilder. Sie vergleichend übereinander zu legen, wäre sicher spannend", sagte er. Hatte der Beratungsleiter damit schon die nächste Aufgabe im Auge? Sein auf mich gerichteter Blick verkündete Derartiges. Regie, auf geht's!, schien Jünger sagen zu wollen.

„Wir sollten vor der nächsten Pause noch zwei Dinge tun. Erstens bitte ich Sie, Ihre Selbstbewertung als Kompetenzprofil zu visualisieren. Meine zweite Bitte geht in Richtung Fremdbewertung. Bitte verständigen Sie sich paarweise dazu, wer wessen *Handlungskompetenz* bewertet. Sie kennen sich ja alle aus gemeinsamer Projektarbeit. Bitte führen Sie die Fremdbewertung aus, ohne sich mit dem oder der zu Bewertenden abzustimmen. Das Ergebnis visualisieren Sie bitte ebenfalls als Kompetenzprofil", setzte ich Jüngers Aufforderung um. Bald kamen die ersten „Fertig!"-Signale. Nach kurzer Zeit hatten es alle geschafft. Das Fremdbild war offensichtlich leichter zu entwickeln als das Selbstbild.

Nach der Pause läutete Jünger die letzte Phase des Workshops ein. „Wir wollen uns ja noch zum Beraterteam verständigen. Die Besten von Ihnen werden, sofern Sie das wollen, in das Team berufen. Als Auswahlkriterium fungiert die *Handlungskompetenz*. Hierzu gibt es ja bereits zwei Bewertungen, nämlich ein Selbst- und ein Fremdbild. Hinzu kommt jenes Bild, welches ich von Ihnen habe." Er fuhr fort: „Wenn ein Bild mehr sagt als tausend Worte, dann sagt eine Zahl vielleicht mehr als tausend Bilder. Was ich sagen will, ist, dass wir die Kompetenzprofile auch zahlenmäßig ausdrücken sollten. Denken Sie bitte an die Methode zur Auswahl des attraktivsten Bieters."

„Nichts ist leichter als das. Wir nehmen den Durchschnitt der Einzelkompetenzen", schlug König vor.

„Das ist sicher in erster Annäherung richtig. Aber mit unseren Gewichten kommen wir der Sache deutlich näher", meinte Ritter.

„Gut, dann bilden Sie bitte die Summe aus den Gewichten, multipliziert mit Ihren Bewertungen. Sie ermitteln so den Kompetenzindex. Genauer gesagt, den ‚Index der Kompetenzanwendung'." Und an Reichert gewandt, fügte ich hinzu: „Können wir das vielleicht gleich mal mit Ihren Werten demonstrieren?" Reichert nickte, rechnete kurz und nannte 0.69:

Beispiel

Ricos Index der Kompetenzanwendung

Kompetenzanforderung	*Gewicht*	*Bewertung*	*G*B*
1 *Beratungsauftrag akquirieren*	*0.20*	*0.60*	*0.1200*
2 *Kundenproblem analysieren*	*0.15*	*0.80*	*0.1200*
3 *Problemlösung entwerfen*	*0.10*	*0.80*	*0.0800*
4 *Lösungsentwurf implementieren*	*0.10*	*0.60*	*0.0600*
5 *Kundennutzwert erzielen*	*0.15*	*0.75*	*0.1125*
6 *Beratungsauftrag abschließen*	*0.05*	*0.70*	*0.0350*
7 *Kundenbeziehungen gestalten*	*0.15*	*0.70*	*0.1050*
8 *Beratungsprojekt managen*	*0.05*	*0.35*	*0.0175*
9 *Beraterteam führen*	*0.05*	*0.80*	*0.0400*
Index der Kompetenzanwendung			***0.69***

Mir oblag es, die Zahl zu interpretieren: „Der Kompetenzindex sagt, dass Herr Reichert 69 % des theoretisch möglichen Kompetenzpotenzials anwendet."

„Und was genau heißt das?", wollte Frau Sander wissen.

„Das heißt, dass die Handlungskompetenz deutlich über dem Niveau ‚Professionell', jedoch auch deutlich unter ‚Höchst professionell' liegt. Eine Zwischenstufe ‚Sehr professionell' wäre hier wohl sinnvoll. Auf diesem Niveau operiert Herr Reichert. Vorausgesetzt, seine Selbstbewertung ist realistisch", erläuterte ich.

„In diesem Zusammenhang darf ich Sie darauf verweisen, dass unser Bewertungsmuster eine 1.0 als absolut exzellenten Wert und nicht als durchschnittlich zu erreichenden Normwert definiert. Wir messen also immer, wie weit das Ist unserer Handlungskompetenz vom exzellenten Soll entfernt ist. In diesem Sinne orientiert das Muster auf die Kompetenzentwicklung", so mein Zusatz.

„Also, mein Eindruck ist hier zweigeteilt. Einerseits besticht das Bewertungsmuster durch Objektivität und Präzision. Je präziser ich die Musteraussagen definiere, desto genauer und objektiver kann ich die *Handlungskompetenz* messen und bewerten. Andererseits ist das Muster gewöhnungsbedürftig. Wenn ich beispielsweise einem Kollegen sagen würde, dass mein Kompetenzindex 0.69 ist, schaltet der doch automatisch seine gewohnte Skalierung ein: ‚Was, du erreichst ja nicht einmal 100 %. Na, das hätte ich von dir nicht gedacht!' So oder so ähnlich könnte der Dialog ja wohl ablaufen", gab Ritter zu bedenken.

„Ja, die Skalierung ist entscheidend. Hier muss man umdenken. Aber das gilt für Neues ja generell", meinte Jünger. Nach einer kurzen Denkpause bat er seine Leute, ihre Kompetenzindizes zu berechnen. Dann sprach er die entscheidenden Worte: „Ich bitte Sie, mir Ihre Bewertungen zu überlassen. Ich würde sie gern zur Auswahl für das Beraterteam mit heranziehen. Klar, dass ich Ihnen die Unterlagen zurückgebe."

„Abgeben? Das möchte ich nicht! Mein Selbstbild enthält ganz persönliche Werte. Und die werde ich keinesfalls offen legen", protestierte Beate Bellmann. Karsten König pflichtete ihr bei.

„Ich danke Ihnen für den Hinweis, Frau Bellmann. Selbstverständlich fordere ich Sie nicht zum ‚Abgeben' auf. Ich bitte Sie lediglich, mich bei der Auswahl der Experten durch Ihre Sicht zu unterstützen."

Jünger wusste genau, was er wollte: Nur die kompetentesten Berater sollten in das Team aufgenommen werden. Beate Bellmann und Karsten König erklärten, dass sie unter diesen Umständen auf eine Mitarbeit im Beraterteam verzichten. Dazu hielt ich fest:

> # Notiz
>
> ### Gut, dass es Ausreden gibt.
>
> Bekanntlich hat einst der Teufel seine Großmutter erschlagen, weil sie keine Ausrede mehr wusste. So sollte es Beate Bellmann und Karsten König nicht ergehen. Sie hatten eine Ausrede.
>
> Beide hatten wohl das Gefühl, nicht in die engere Wahl gezogen zu werden. Eine Ablehnung war zu erwarten. Davor wollten sie sich schützen. Also Vorwärtsverteidigung! Eine „ehrenhafte" Ausrede musste her. Sie hieß „Datenschutz".

Die anderen akzeptierten das Auswahlverfahren. Jünger nahm ihre Bewertungen entgegen. Damit stand der Bewerberkreis fest.

Dann Jüngers Schlusswort: „Zwei Tage angestrengter Arbeit liegen hinter uns. Gemeinsam haben wir das geschafft, was wir uns vorgenommen hatten. Dafür danke ich Ihnen. Ich werde in den nächsten Tagen Ihre Bewertungen sichten und die Teammitglieder berufen."

An mich gewandt, fügte Jünger hinzu: „Vielen Dank für die Regie und für das Know-how, das Sie in unseren Workshop eingebracht haben. Ich möchte Sie gern noch bitten, mich bei der Endauswahl zu unterstützen. Schön, Ihr zustimmendes Nicken zu sehen. Vielen Dank."

Dann blickte Jünger in die Runde und sagte: „Der Workshop ist beendet. Nochmals vielen Dank. Ich wünsche Ihnen ein angenehmes Restwochenende und eine stressfreie Heimfahrt. Auf Wiedersehen."

Jünger und ich saßen noch eine Weile im Landhotel zusammen. Wir waren beide geschafft, aber auch voller Freude über den gemeinsam erzielten Erfolg. Wir vereinbarten, uns in der folgenden Woche zu treffen, um die Berufung namentlich festzulegen.

In der Zwischenzeit hatte der Beratungsleiter die Selbst- und Fremdbilder miteinander verglichen. Die Differenzen waren für ihn interessant. Deutliche Abweichungen gab es lediglich bei Sven Seifert. Das von Beate Bellmann gefertigte Fremdbild fiel erheblich schlechter als sein Selbstbild aus.

Die Kompetenzindizes brachten eine Rang- und Reihenfolge. Der Primus war Rico Reichert mit 0.69, gefolgt von Marcus Mannes mit 0.65 und Roland Ritter mit 0.62. Susi Sander kam auf 0.58. Die anderen Beraterinnen und Berater pendelten um 0.50. Das war die Vorauswahl.

„Wie ist denn Ihre Meinung dazu?", fragte mich Jünger.

„Ich bin erstaunt, dass die Abweichungen so gering ausfallen. Das spricht für den Realitätssinn und die Fairness Ihrer Leute. Ich möchte die Rang- und Reihenfolge so stehen lassen. Mein Vorschlag ist, die zehn Berater ins Team zu berufen. Zwei Gründe sprechen dafür. Erstens sind ihnen im Workshop jene Beraterkompetenzen verdeutlicht worden, welche bei unserer Mittelstandsinitiative einzubringen sind. Und zweitens sollte der *RMW* die Beratungen nach dem neuen Konzept mit ausreichender Kapazität starten", positionierte ich mich.

„Auch ich lasse die Bewertungen so gelten. Einem Zehnerteam stimme ich zu."

Noch am selben Tag berichtete der Beratungsleiter über die Resultate des Workshops. Horst Heller war hocherfreut. In gleicher Weise informierte ich den Präsidenten. Auch Peter Stieglitz hatte Grund zur Freude, hatten wir doch wieder einen Schritt unseres Maßnahmeplans erfüllt.

Ich habe Ihnen eine Methode zum Definieren, Messen und Bewerten der *Handlungskompetenz* am Beispiel einer speziellen Beratungsaufgabe vorgestellt. Falls Sie mir bis hierher gefolgt sind und tiefer schürfen wollen, dann lesen Sie bitte den Anhang. Und: Versuchen Sie doch einmal, die Methode sinngemäß auf andere Kompetenzbereiche, z. B. auf den eines Projektmanagers oder Vertriebsleiters eines mittelständischen Unternehmens, zu übertragen. Viel Erfolg dabei!

Die Mittelstandsinitiative starten

Im folgenden Monat sollte die Mittelstandsinitiative mit den ersten Beratungen gestartet werden. So hat die *RMW*-Führung entschieden. Der Beratungsleiter war beauftragt, alles Notwendige einzuleiten. Jens Jünger hatte dabei kein gutes Gefühl. Wie wird das Führungskonzept bei den Mittelständlern umgesetzt? Was ist besonders zu beachten? Welche Fehlerquellen können auftreten? Auf derartige Fragen hatte Jünger keine befriedigenden Antworten. Das verunsicherte ihn. Darüber wollte er mit mir sprechen.

„Also, wir starten in Kürze die ersten Beratungen nach dem neuen Konzept. Zehn Kunden sind bereits akquiriert", teilte mir Jünger am Telefon mit.

„Gratuliere, starke Leistung", freute ich mich.

„In der Tat! Heller ist ganz scharf darauf, den *RMW* stärker zu profilieren. Das Führungskonzept kommt ihm da gerade recht. Stellen Sie sich vor, er hat unser Vorhaben sogar zur Chefsache erklärt. Hoffentlich mischt er nicht zu sehr mit. Doch was soll's. Ich möchte bei den ersten Beratungen keine allzu großen Fehler machen. Schließlich darf ich in unseren Kunden ja keine Trainingspartner sehen, mit und an denen wir die Konzeptanwendung üben können." Jünger sprach offen, wie gewohnt.

Und so saßen wir wieder zusammen. Am Gespräch nahmen auch Susi Sander und Roland Ritter teil. Der Beratungsleiter wollte auf die Kompetenz beider in methodischen Fragen nicht verzichten. "Wir haben uns auf dem Workshop über das Führungskonzept verständigt. Ich bin mir jedoch nicht sicher, dass es jeder Berater unseres Teams in annähernd gleicher Art und Weise zum Nutzen unserer Kunden anwendet. Doch genau das müssen wir gewährleisten", eröffnete Jünger das Gespräch.

„Eine Handlungsanleitung wäre hier wohl nützlich. Denken Sie nur an das Prozessmodell, das sich ja gut bewährt hat", schlug Ritter vor.

Der Beratungsleiter nahm den Gedanken auf: „Ja, so etwas Ähnliches hatte ich mir auch vorgestellt. Was meinen Sie, sollten wir nicht die vier Perspektiven unseres Konzepts als Rahmen für eine zu entwickelnde Handlungsanleitung nutzen?" Rundum Zustimmung. Jünger fuhr fort: „Gut, dann gehen wir doch von der Vision und der Strategie aus. Gemeinsam mit unseren Beratungskunden bestimmen wir dann je Perspektive die qualitativen Ziele, entwickeln die dazu zugehörigen Leistungskennzahlen, legen die quantitativen Zielvorgaben fest, planen zielführende Maßnahmen und bereiten ein Erfolgscontrolling vor. Das ist doch unsere Beratungsaufgabe."

„Das ist die große Linie. Aber sprechen wir doch über die Details. Auf welche Aspekte müssen wir uns bei den vier Perspektiven beratend konzentrieren? Welche Leistungskennzahlen sehen wir je Perspektive vor? Das sind die entscheidenden Fragen", warf Susi Sander ein.

„Gut, dann starten wir mit der klassischen betriebswirtschaftlichen Sicht – der *Finanzperspektive*. Die dort anzusiedelnden Kennzahlen sind den Mittelständlern aus dem Rechnungswesen bekannt. Obwohl … diese Kennzahlen reflektieren die Ergebnisse von gestern. Denken Sie nur an die Gewinn- und Verlustrechnung sowie an die Bilanz. Der Blick in den Rückspiegel wird vom Gesetzgeber gefordert. Nicht gefordert, aber ebenso notwendig ist, den Blick auf das Morgen zu richten. Dabei sind die geplanten Ergebnisse mittels Vorschauarbeit zielführend zu steuern", ging Jünger in Vorhand.

Ritter hatte sich bisher zurückgehalten. Jetzt kam seine Zeit: „Ich möchte einige Kennzahlen vorschlagen, welche die Klassiker des Rechnungswesens gut ergänzen dürften. Dazu gehören meines Erachtens der ‚Umsatzerlös aus Stammkunden-, Neukunden- und A-Kundengeschäft' sowie die ‚Profitabilität der A-Kunden' (Anhang). Vorrangig sollten wir uns jedoch auf den strategischen Ansatz der Unternehmen zur Gewinnerhöhung konzentrieren – denn Gewinne sind ja nun mal das Salz in der Suppe. Zwei Wege sind hier relevant: Der eine führt über ein Ertragswachstum und der andere über eine Produktivitätssteigerung." Ritter hielt das bildhaft fest:

Info

ZWEI WEGE ZUR GEWINNERHÖHUNG

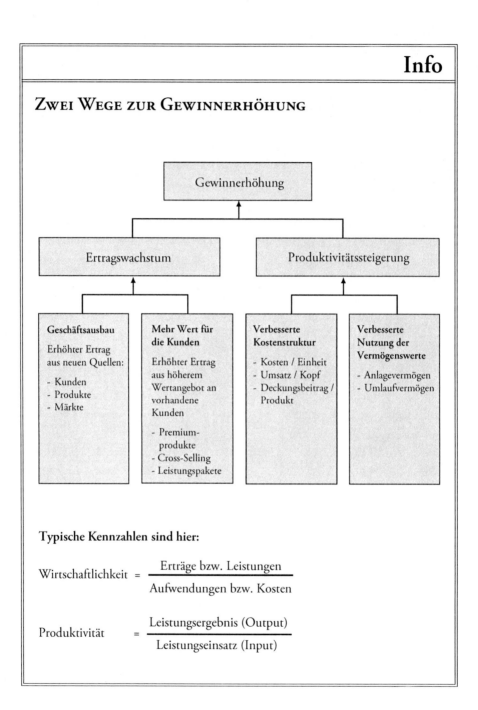

Typische Kennzahlen sind hier:

$$\text{Wirtschaftlichkeit} = \frac{\text{Erträge bzw. Leistungen}}{\text{Aufwendungen bzw. Kosten}}$$

$$\text{Produktivität} = \frac{\text{Leistungsergebnis (Output)}}{\text{Leistungseinsatz (Input)}}$$

„Mit Bezug auf die zugehörigen Leistungskennzahlen wird in diesem Zusammenhang oft von einem *Zähler- und Nennermanagement* gesprochen", fügte Ritter hinzu.

Davon hatten weder Susi Sander noch Jens Jünger etwas gehört. Aufklären tat Not. Das war mein Part: „Lassen Sie uns die ‚Wirtschaftlichkeit' als das Verhältnis aus Erträgen bzw. Leistungen zu Aufwendungen bzw. Kosten definieren. Wenn Sie die Wirtschaftlichkeit erhöhen wollen, bieten sich dazu drei Wege an. Erstens: Sie konzentrieren sich vordergründig auf das Steigern der Erträge bzw. Leistungen, also auf den Zähler. Sie betreiben somit ein *Zählermanagement*. Zweitens: Sie sehen vor, hauptsächlich die Aufwendungen bzw. Kosten zu senken. Ihr Blick ist auf den Nenner gerichtet. Also, *Nennermanagement*. Und letztlich: Sie kombinieren beide Wege."

„Und was bedeutet das Ganze für unsere Kunden?", wollte Frau Sander wissen.

„Das *Zähler- und Nennermanagement* hat höchst praktische Konsequenzen. Schauen Sie, jeder Mittelständler will doch irgendwie die Wirtschaftlichkeit seines Unternehmens erhöhen. Wenn den Unternehmern zum Zähler, also zum Steigern der Erträge bzw. Leistungen, nichts einfällt – was ja oft der Fall ist –, dann ist das beim Nenner in der Regel völlig anders. Hier fällt jedem Unternehmer, also auch dem ansonsten einfallslosesten, etwas ein, nämlich die Arbeitskosten zu senken und letztlich Mitarbeiter zu entlassen. Das ist reines *Nennermanagement*. Unsere Beratungsaufgabe sollte also auch sein, die Sicht der Mittelständler auf den Zähler zu schärfen und somit beizutragen, die Zahl der Erwerbslosen zu reduzieren", antwortete ich.

Damit waren aus ökonomischer Sicht die wesentlichen Aspekte der Beratungsaufgabe genannt. Wichtige Leistungskennzahlen standen den Beratern, katalogisiert zusammengefasst, zur Verfügung (Anhang). Wir konnten die *Finanzperspektive* verlassen.

Nun stand die *Kundenperspektive* zur Debatte. Susi Sander atmete auf. Endlich kam sie zum Zuge: „Aus dieser Sicht handelt sich ja alles mehr oder weniger um Kunden und deren Bedürfnisse, um Produkte, Leistungen und Preise sowie um Märkte und Wettbewerber. Dazu möchte ich einen Handlungsrahmen vorschlagen, der für unsere Beratungsaufgaben höchst interessant sein dürfte. In diesem

Rahmen, der von den Kunden und deren Bedürfnissen gebildet wird, sind vier Typen von Aufgaben erkennbar, auf die wir beratend Einfluss nehmen sollten." Um ihre Gedanken besser zu vermitteln, bot sie uns ein Bild an:

Info

Susis Handlungsrahmen: Kunden, Bedürfnisse

vorhandene Kunden

artikulierte Bedürfnisse — 1 | 2 — nicht artikulierte Bedürfnisse

3 | 4

nicht vorhandene Kunden

Aufgabentyp:
1 Befriedigen artikulierter Bedürfnisse vorhandener Kunden
2 Wecken nicht artikulierter Bedürfnisse vorhandener Kunden
3 Befriedigen artikulierter Bedürfnisse nicht vorhandener Kunden
4 Wecken nicht artikulierter Bedürfnisse nicht vorhandener Kunden

---

„Das ist ja ein ganz hübsches Bild. Doch was hat das mit unseren Beratungsaufgaben zu tun?", fragte Ritter.

„Essen Sie gern frische Brötchen, Herr Ritter? Ja? Ich auch. Dann begleiten Sie mich doch mal gedanklich zu einem Bäcker. Nehmen wir an, das Verkaufsgespräch läuft wie folgt ab: Ich: ‚Vier Mehrkornbrötchen bitte.' Verkäuferin: ‚Bitte schön. Macht 1.60 Euro.' Ich: ‚Vielen Dank.'"

Ritter erfasste den Sinn des Dialogs nicht. Also fragte er. Frau Susi antwortete lächelnd: „Ich habe soeben versucht, den Aufgabentyp 1 anhand eines Brötchenverkaufs zu verdeutlichen. Dabei lief alles ja gut ab. Ich sagte, was ich wollte und bekam die Brötchen. Und die Verkäuferin erhielt mein Geld. Das hätte aber auch ganz anders laufen können. Zum Beispiel so: Verkäuferin: ‚Die Mehrkornbrötchen sind gerade ausverkauft. Warten Sie doch bitte fünfzehn Minuten.' Oder: ‚Nach 17 Uhr backen wir diese Sorte nicht mehr. Zu wenig Nachfrage'. Oder: ‚Unser Ofen ist gerade defekt. Aber Morgen früh gibt es wieder frische Brötchen.'"

Wir waren uns einig: Keiner von uns würde so einen Laden wieder betreten. Susi Sander machte mit ihrem Beispiel typische Alltagsprobleme deutlich. Ein Kunde kommt, sagt, was er will, erhält es und bezahlt. Das ist das Trivialgeschäft! Aber sogar das kann durch Dummheit und Ignoranz verpfuscht werden!

Sicher sind Ihnen ausreichend Beispiele zu Aufgabentyp 1 bekannt. Wie oft werden Kunden mit Redereien, wie ‚Haben wir im Moment nicht. Der Lieferant hat uns im Stich gelassen', verprellt. Als wäre der Kunde für die Auswahl der Lieferanten zuständig. Auf derartige Tücken wollten wir unsere Beratungskunden bei Bedarf unbedingt hinweisen. Denn: Kunden gehen ganz schnell verloren.

„Und was ist mit Aufgabentyp 2? Vielleicht haben Sie noch so eine Story auf Lager", witzelte der Beratungsleiter.

„Also, wir befinden uns immer noch am selben Ort. Ich habe die vier Brötchen erhalten und will gerade bezahlen. Da weckt die Verkäuferin meinen Appetit auf Torte. Trotzdem es nicht meine Absicht war, kaufte ich zwei Stück der leckeren Verführung zu je 1.60 Euro. Manipulation? Ich meine, nein. Nicht artikulierte Bedürfnisse der Kunden müssen eben geweckt werden. Zumindest sollte man es versuchen. Übrigens: Die rührige Verkäuferin hat bei mir ihren Umsatz auf das Dreifache erhöht. Auch diese Art des Verkaufens dürfte für unsere Kunden interessant sein", sagte Frau Susi lächelnd.

„Nun erzählen Sie uns bitte auch noch eine Story zu den Aufgabentypen 3 und 4", ulkte Roland Ritter.

„Also, die Verkäuferin wurde durch das Signal ihres Handys kurz abgelenkt. Ich verstaute gerade meine Backwaren, als ich von einer wartenden Kundin so ganz nebenbei hörte, dass drei Straßen weiter der Bäcker soundso sehr viel leckeren Kuchen habe. Also ging ich eines Tages dorthin und probierte seine Leckereien."

„Und was wollen Sie damit sagen?", fragte Ritter.

„Nun, es geht doch um ‚nicht vorhanden Kunden'. Aus der Sicht des Bäckers, der drei Straßen weiter sein Geschäft betreibt, bin ich quasi nicht vorhanden, da ich ja meinen Bedarf an Backwaren gewöhnlich bei meinem Stammbäcker befriedige. Doch mein ‚Fremdgehen' mit dem Drei-Straßen-weiter-Bäcker hatte einen guten Grund. Er hat nämlich seine ‚Apostel'. Und die schwärmen von ihm. Also kam ich in Versuchung. Und heute kaufe ich nur noch drei Straßen weiter. Das ist die Pointe", schloss Frau Sander.

Von dieser Anekdote war auch Ritter angetan: „Dass ein Kunde einen anderen wirbt, wie im Beispiel geschehen, ist wohl das Beste, was einem Bieter überhaupt passieren kann. Auch das sollten wir den Mittelständlern vermitteln. Und sie sollten verstehen, dass dafür eine Bedingung zu erfüllen ist, nämlich: Der Kunde muss einen Nutzwert erhalten, der dem der Wettbewerber überlegen ist. Genau das zahlt sich aus."

„Und welche Leistungskennzahlen sehen wir für die *Kundenperspektive* vor?" Der Beratungsleiter hatte wohl genug Geschichten gehört. Er wechselte zur Sachebene.

Ritters Antwort kam prompt: „Ich denke hier insbesondere an die aus der *Kundenzufriedenheit* und *Nutzwertführerschaft* abzuleitenden Kennzahlen, die übrigens katalogisiert sind und uns als Berater-Know-how zur Verfügung stehen" (Anhang).

Die *Kundenperspektive* war bereits gedanklich abgehakt, als Frau Sander nachlegte: „Stellen Sie sich bitte vor, dass Mittelständler, die im mittleren Preis-Leistungs-Bereich operieren, den Handlungsrahmen verlassen und in eine höhere Spielklasse aufsteigen wollen. Premiumprodukte für die zahlungsfähige

Oberschicht – so heiße ihre neue Orientierung. Diese Unternehmer wollen wissen, was zu tun ist, um in der Premiumliga zu punkten. Auch hier sehe ich eine wichtige Beratungsaufgabe."

Susi Sander griff einen strategischen Aspekt auf. Handelt es sich doch bei einem derartigen Aufstieg um ein längerfristiges Vorhaben. „Klar, unsere Kunden können auch einen profitablen Weg in Richtung der preisbewussten Käufer gehen. Standardprodukte für Normalverbraucher zum Niedrigpreis heißt die Devise in diesem Segment. Auch dieser Weg kann eine beratende Begleitung erfordern."

„Der Handlungsrahmen ist wichtig. Im Ist-Bereich verbleiben oder einen Soll-Bereich anstreben? Einen Hoch- oder einen Niedrigpreis erzielen wollen? Das Alte bewahren oder Neues wagen? Das sind die entscheidenden Fragen. Unsere Beratung hat darauf geeignete Antworten zu geben." Der Beratungsleiter riet, die Sicht zu wechseln. Also wandten wir uns der *Prozessperspektive* zu.

„Ich möchte hier auf die *EU-Norm zur Zertifizierung von Managementsystemen* verweisen. Wir hatten sie ja im Workshop bereits erwähnt. In dieser Norm sind wesentliche Anforderungen an das Prozessmanagement festgelegt. Darauf können wir doch unsere Beratungen ausrichten", argumentierte Ritter.

Der Beratungsleiter sah das anders: „Die Norm ist ein guter Ansatz. Aber bedenken Sie bitte, dass nicht alle Mittelständler eine Zertifizierung anstreben. Nein, wir sollten die Beratungen zum Prozessmanagement in einem erweiterten Kontext sehen und uns insbesondere auf die Leistungskennzahlen und Zielvorgaben sowie auf das Erfolgscontrolling konzentrieren."

Obwohl die Unternehmensprozesse und deren Gestaltung nicht zu Frau Sanders Kompetenzbereich gehören, wollte sie dazu mehr wissen. Jens Jünger positionierte sich: „Beim Prozessmanagement stehen die *Wertschöpfungsprozesse* im Vordergrund. Hier werden die Produkte und Leistungen als Träger des Kundennutzwerts gefertigt bzw. erbracht. Diesen kundenbezogenen Prozessen gilt unsere bevorzugte Aufmerksamkeit. Sie rationell und effektiv zu gestalten, sollte unser Beratungsschwerpunkt sein."

Und Ritter ergänzte: „Bei den Wertschöpfungsprozessen müssen wir unbedingt auch Einfluss auf die Leistungsqualität nehmen. Denken Sie nur an die Kundenreklamationen, die aus fehlerhafter Arbeit der Unternehmen resultieren. Hier würde ich die ‚Reklamationsquote' als Leistungskennzahl etablieren (Anhang). Und für den Beschaffungsprozess ist das Auswählen des attraktivsten Bieters als Lieferant im Sinne der ‚Bieterattraktivität' notwendig (Anhang). Für beide Leistungskennzahlen sind exakte Zielvorgaben und zielführende Maßnahmen vorzusehen."

„Verständigen wir uns bitte noch zur *Mitarbeiterperspektive*. Ich bin mir ganz sicher, dass das Definieren, Messen und Bewerten der *Handlungskompetenz* auch für bestimmte Mittelständler interessant ist. Denken wir nur an all jene Führungskräfte und Mitarbeiter in den Unternehmen, für welche die Anforderungen an die *Handlungskompetenz* in unserem Sinne bisher nicht exakt beschrieben sind und die Kompetenzanwendung somit einer Bewertung nicht zugängig ist. Hier sehe ich eine erste Beratungsaufgabe. Eine zweite Aufgabe liegt im Definieren, Messen und Bewerten der zu erzielenden Arbeitsergebnisse", meinte der Beratungsleiter und schaute auffordernd zu mir.

Ich übernahm die Steuerung: „Sicher erinnern Sie sich, dass wir den Begriff *Handlungskompetenz* an das Erfüllen der Arbeitsaufgaben und das Erzielen der Arbeitsergebnisse gebunden haben. In unserem Beispiel, in dem wir die *Handlungskompetenz* eines Beraters unseres Teams definiert, gemessen und bewertet hatten, zielt doch die Kompetenzanforderung 1 ‚Beratungsauftrag akquirieren' auf ein ganz bestimmtes Arbeitsergebnis, welches auch nur ‚Akquirierter Beratungsauftrag' heißen kann. Der vorliegende Beratungsauftrag ist hier alleiniges Kriterium der Aufgabenerfüllung. Verallgemeinert gesprochen heißt das: Wir müssen für jede Kompetenzanforderung das korrespondierende Arbeitsergebnis mit gleicher Gewichtung festlegen."

Um den Gedanken zu veranschaulichen, entwickelte ich folgendes Muster:

Beispiel

Die Korrespondenz: Anforderungen / Ergebnisse

Kompetenzanforderung	Arbeitsergebnis	Gewicht
1 Beratungsauftrag akquirieren	Akquirierter Beratungsauftrag	0.20
2 Kundenproblem analysieren	Analysiertes Kundenproblem	0.15
3 Problemlösung entwerfen	Entworfene Problemlösung	0.10
4 Lösungsentwurf implementieren	Implementierter Lösungsentwurf	0.10
5 Kundennutzwert erzielen	Erzielter Kundennutzwert	0.15
6 Beratungsauftrag abschließen	Abgeschlossener Beratungsauftrag	0.05
7 Kundenbeziehungen gestalten	Gestaltete Kundenbeziehungen	0.15
8 Beratungsprojekt managen	Gemanagtes Beratungsprojekt	0.05
9 Beraterteam führen	Geführtes Beraterteam	0.05
		1.00

„So, nun sollten wir für die Arbeitsergebnisse auch Zielwerte vorgeben, um sie einem Messen und Bewerten zugängig zu machen", schlug ich vor.

„Können wir das vielleicht wieder an einem Beispiel demonstrieren?", bat Ritter.

„Nehmen wir doch gleich das Arbeitsergebnis 1 ‚Akquirierter Beratungsauftrag'. Ich schlage vor, es an zwei konkrete Messgrößen zu binden (Anhang): Einerseits an den ‚Angebotserfolg', der als Verhältnis der Zahl der akquirierten Beratungsaufträge zur Zahl der unterbreiteten Angebote darstellbar ist. Die Zielvorgabe könnte hier zum Beispiel 25 % p. a. lauten. Und andererseits könnte der ‚Umsatzerlös aus akquirierten Beratungsaufträgen' als Messgröße fungieren. Die Zielvorgabe sei hier beispielsweise mit 200 T Euro p. a. fixiert", antwortete ich.

„Sie haben das Arbeitsergebnis an numerische Zielvorgaben gebunden. Das ist doch nicht für alle Ergebnisse so machbar, oder?", wandte Ritter ein.

„Natürlich nicht. Schon beim Arbeitsergebnis 2 ‚Analysiertes Kundenproblem‘ dürfte das anders sein. Hier könnten Sie auf eine Checkliste Bezug nehmen, anhand derer z. B. die Vollständigkeit der dokumentierten Problemanalyse geprüft werden kann. Übrigens: Die Messgrößen zur Ergebniserzielung sollten Sie in einem Beratungsstandard festzulegen", so mein Vorschlag.

Nun brauchten wir noch ein Bewertungsmuster. Das brachte ich ein:

Info

DIE ARBEITSERGEBNISSE

Ergebnisniveau	Bewertung
Übererfüllt alle Zielvorgaben	1.00
Übererfüllt etwa 50 % der Zielvorgaben, erfüllt den Rest	0.75
Erfüllt alle Zielvorgaben	0.50
Erfüllt etwa 50 % der Zielvorgaben, erfüllt den Rest nicht	0.25
Erfüllt keine Zielvorgabe	0.00

Der Beratungsleiter wollte das Muster sofort anwenden: „Schön wäre es, wenn wir jetzt ganz konkrete Arbeitsergebnisse vorliegen hätten, um diese messen und bewerten zu können. Doch derartige Daten liegen uns jetzt leider nicht vor. Obwohl ... wir haben Rico Reicherts ‚Index der Handlungskompetenz‘ mit 0.69 noch gut in Erinnerung. In Analogie dazu könnten wir einen ‚Index der Ergebniserzielung‘ bilden. Da uns die konkreten Ergebnisdaten fehlen, beschaffen wir sie uns beispielsweise mittels einer Schätzung. Schauen wir doch einfach mal auf das Arbeitsergebnis 1 ‚Akquirierter Beratungsauftrag‘. Hierfür sind einerseits die Messgröße ‚Angebotserfolg‘ mit einer Zielvorgabe von 25 % p. a. und andererseits der ‚Umsatzerlös aus akquirierten Beratungsaufträgen‘ mit einer Zielvorgabe von 200 T Euro p. a. vorgegeben. Nehmen wir an, Herr Reichert erfüllt die erstgenannte Zielvorgabe mit 100 % und übererfüllt die zweitgenannte, so müssten wir, entsprechend dem Bewertungsmuster, das erzielte Arbeitsergebnis mit 0.75 bewerten. Wir wenden also das Muster auf die erzielten – in unserem Fall geschätzten – Arbeitsergebnisse an. Dann bilden wir, wie gehabt, die Summe aus den Gewichten, multipliziert mit den Bewertungen. Somit ermitteln wir als Summe G*B den gesuchten Index." (Anhang):

Beispiel

Ricos Index der Ergebniserzielung

Arbeitsergebnis	Gewicht	Bewertung	G*B
1 Akquirierter Beratungsauftrag	0.20	0.75	0.1500
2 Analysiertes Kundenproblem	0.15	0.75	0.1125
3 Entworfene Problemlösung	0.10	0.60	0.0600
4 Implementierter Lösungsentwurf	0.10	0.60	0.0600
5 Erzielter Kundennutzwert	0.15	0.75	0.1125
6 Abgeschlossener Beratungsauftrag	0.05	0.20	0.0100
7 Gestaltete Kundenbeziehungen	0.15	0.70	0.1050
8 Gemanagtes Beratungsprojekt	0.05	0.30	0.0150
9 Geführtes Beraterteam	0.05	0.75	0.0375
Index der Ergebniserzielung			**0.66**

„Der Ergebnisindex verdeutlicht, dass Herr Reichert 66 % des theoretisch möglichen Ergebniswerts erzielt", antwortete ich auf Frau Sanders Frage und fuhr fort: „So, nun wird es spannend. Sicher erinnern Sie sich, dass wir sagten: Die Kompetenzanwendung und die Ergebniserzielung stehen in direkter Wirkungsbeziehung. Beide werden mit Bezug aufeinander bewertet. Diese *duale Bewertung* ist grafisch darstellbar." (Anhang)

Info

Die duale Leistungsbewertung

Drei Bereiche, die Leistungsniveaus entsprechen, sind relevant:

(1) Spitzenleister   (x + y > 1.5)
(2) Standardleister (x + y = 1.0 ... 1.5)
(3) Minderleister   (x + y < 1.0)

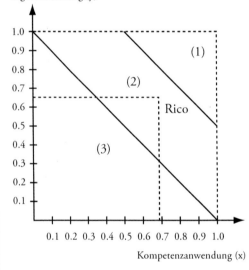

Die Leistung des Unternehmensberaters Rico Reichert liegt im Standardbereich (x + y = 1.35, mit x = 0.69 und y = 0.66).

„Im Diagramm erkennen Sie drei Bereiche, die verschiedene Leistungsniveaus repräsentieren", erläuterte ich. „Der *Spitzenleister* wendet die definierte *Handlungskompetenz* höchst professionell an und übererfüllt alle Zielvorgaben. Der *Standardleister* wendet die *Handlungskompetenz* professionell an, erfüllt alle

Zielvorgaben. Und letztlich der *Minderleister*, der die *Handlungskompetenz* nicht oder höchst unprofessionell anwendet und keine Zielvorgabe erfüllt."

Die Grafik beeindruckte den Bereichsleiter: „Mit dieser *dualen Leistungsbewertung* können wir unseren Kunden den Weg für eine neue Form der Entlohnung ebnen: Weg vom Entlohnen nach geleisteten Arbeitsstunden. Hin zum Vergüten nach der Kompetenzanwendung und der Ergebniserzielung. Die Methode ermöglicht, *Spitzenleister* sowie *Standard-* und *Minderleister* exakt zu unterscheiden und differenziert zu entlohnen."

Jünger fuhr fort: „Wir sollten ausgewählte Mittelständler von diesem Ansatz überzeugen. Ich denke, dass auf diesem Weg ein erhebliches Leistungspotenzial in den Unternehmen erschlossen werden kann. Prinzipiell bin ich der Meinung, dass jedwede Arbeitsleistung, die ja notwendig auf ein bestimmtes Ergebnis zielen muss, definiert, gemessen und bewertet werden kann. Wir müssen nur den Mut dazu aufbringen!" Jüngers Gedanken fasste ich zusammen:

Notiz

IN DEN KOMPETENZZUGEWINN INVESTIEREN!

Wenn Unternehmen ihren Mitarbeitern neue Aufgaben stellen oder von ihnen höhere Ergebnisse erwarten, sollten sie primär in deren Handlungskompetenz investieren. Denn nur in dem Maße, in welchem die Handlungskompetenz ausgeprägt und angewendet wird, sind die geforderten Arbeitsergebnisse zu erzielen.

Ein Zugewinn an Handlungskompetenz ist durch ein Coaching und Training mit Bezug auf die definierten Kompetenzanforderungen zu erreichen. „Rundum-Schulungen" bringen nichts!

Jede Investition in den Kompetenzzugewinn muss durch ein wirtschaftliches Ergebnis gerechtfertigt sein (Return on Investment)!

„Ich möchte Sie gern noch auf ein prinzipielles Problem aufmerksam machen. Sicher werden auch die Innovativsten Ihrer Kunden nicht sofort freudig erregt sein, wenn sie sich der Vorleistungen bewusst werden, die für ein derartiges Definieren, Messen und Bewerten erforderlich sind. Richtig ist, dass die Vorleistungen aufwendig sind. Richtig ist aber auch, dass es sich dabei um einen einmaligen Aufwand handelt. Sie sollten hier vor allem Unternehmer ansprechen, die das Bedürfnis haben, Neues gestalten und eine Objektivität beim Messen und Bewerten des Gestaltungsfortschritts einzubringen zu wollen. Klar, diese Typenvertreter sind wohl als Beratungskunden eher selten anzutreffen. Dennoch, denken Sie an Frau Sanders Beitrag, dass Bedürfnisse auch geweckt werden müssen", riet ich.

Susi Sander fühlte sich angesprochen: „Ich denke aber auch, dass wir in unserer Beraterpraxis die Unternehmensgröße und die Branche ins Kalkül ziehen müssen. Ein Kleinstunternehmen ist für unseren Weg sicher nicht zu gewinnen. Es sei denn, der Chef setzt von vornherein auf Wachstum und Erfolgspotenziale. Und mit Blick auf die Branche denke ich eher an Dienstleister als an Produktioner. Ich sage das, obwohl ich fest davon überzeugt bin, dass unternehmerischer Weitblick, Mut und eine ruhige Hand nichts, aber auch gar nichts, mit der Unternehmensgröße und der Branche zu tun haben."

"Ich wollte noch etwas zum einmaligen Aufwand und zum resultierenden Kundennutzwert sagen. Zur Führungskultur vieler mittelständischer Unternehmen gehört, die Leistungen der Mitarbeiter in bestimmten Intervallen, sagen wir, jeweils am Jahresende, zu bewerten. Das ist oft mit Zielvereinbarungen für das Folgejahr verbunden. Wenn wir uns auf diese Unternehmen konzentrieren, haben wir eine gute Chance. Denn diese Firmen nutzen ja ohnehin bestimmte Merkmale zur Bewertung. Für sie dürfte unsere Methode nicht ganz fremd sein", meinte der Beratungsleiter abschließend.

Es war geschafft. Wir hatten die Handlungsanleitungen für die vier Perspektiven erarbeitet. Jens Jünger war zufrieden. Die Mittelstandsinitiative konnte gestartet werden. Ihr schloss ich mich an.

Den Erfolgsweg gehen

Den ersten Schritt tun

Einige Tage nach meiner Tätigkeit beim RMW fragte mich der Geschäftsführer eines Marketingclubs, ob ich einen Vortrag zum Thema „Führen mit Leistungskennzahlen" übernehmen könne. Ich erkundigte mich nach dem Hörerkreis. Jawohl, auch Unternehmer zählen dazu. Mehrheitlich sogar, so die Antwort. Das war für mich interessant. Die Veranstaltungen der Marketingclubs sind meist attraktiv und gut besucht. Auch diesmal war der Raum gefüllt. Etwa 90 Gäste waren anwesend. Es lief rundum gut, so das Resümee des Veranstalters beim Abendessen.

Am Folgetag klingelte mein Telefon zu früher Stunde. Eine angenehme, warme Stimme begrüßte mich. Sie gehört Matthias Melzer, dem Kaufmännischen Geschäftsführer eines Wohnungsunternehmens, der sich als Kompagnon von Jürgen Brade zu erkennen gab.

„Ich gratuliere Ihnen zum gestrigen Vortrag. Was Sie zum *Zähler- und Nennermanagement* sagten, trifft genau auf unser Unternehmen zu. Wir verbuchen in den letzten Jahren einen spürbaren Erlösrückgang, also einen erheblichen Zählerschwund, was aus Mieterfluktuation und Wohnungsleerstand resultiert. Da wir an unserer Modernisierungs- und Sanierungsstrategie festhalten, müssen wir den Kostenblock, den Nenner, mehr oder weniger so hinnehmen, wie er ist. Aber den Zähler müssen wir deutlich verbessern", so Melzer.

Plötzlich fragte er sehr direkt: „Haben Sie eigentlich schon Unternehmen der Wohnungswirtschaft beraten?"

Mit „Nein" zu antworten, wäre im gleichen Maße ehrlich wie naiv. Also versuchte ich mich in Diplomatie: „Wenn Sie mich fragen, ob ich Ihnen beim Gewinnen neuer Mieter und Binden Ihrer Stammmieter beratend mit Ergebnisverantwortung zur Seite stehen kann, dann erhalten Sie von mir ein Jawort."

Einen Moment herrschte Funkstille. „Was genau meinen Sie mit ‚Ergebnisverantwortung'?", fragte Melzer

„Nun, gewöhnlich binde ich mein Salär an einen messbaren Beratungserfolg." Meine Antwort weckte das Interesse des Kaufmännischen Geschäftsführers.

Und so vereinbarten wir ein erstes Treffen. Matthias Melzer, ein Endfünfziger, begrüßte mich freundlich in seinem Büro. Trotz sommerlicher Temperaturen war er im klassischen Business Look gekleidet. Ein Strohhut als Sonnenschutz hing für den täglichen Gebrauch griffbereit neben seinem Schreibtisch.

„Ich habe Ihnen unser Problem ja bereits am Telefon genannt. Und Sie haben mir zu verstehen gegeben, dass Sie zu einer Lösung mit Ergebnisverantwortung beitragen können." Melzer sprach langsam. Er wählte seine Worte sorgfältig aus und begleitete sie mit sparsamer Mimik und Gestik. Die „Ergebnisverantwortung" hob er hervor. „Bevor ich frage, wie Sie sich einen Beratungsansatz in etwa vorstellen, möchte ich Ihnen unsere Situation kurz erläutern:"

> **Notiz**
>
> ### Die Ausgangssituation
>
> „Wir operieren in zwei Geschäftsbereichen. Im Hauptgeschäft vermieten und verwalten wir Wohnungen des eigenen Bestands. Damit erzielen wir etwa 90 % unseres Erlöses. Unser Nebengeschäft ist das Verwalten von Wohnimmobilien, die sich im Fremdbesitz befinden. Der Erlösanteil liegt hier bei etwa 10 %. In beiden Geschäftsbereichen verzeichnen wir einen erheblichen Erlösrückgang. Er zwingt uns zu handeln.
>
> Im Hauptgeschäft haben wir unseren Bestand segmentiert. Der Kernbestand bleibt im Unternehmen. Hierzu gehören sanierte und zu sanierende Objekte. Damit bedienen wir das mittlere Preissegment des lokalen Mietwohnungsmarkts. Der Aussonderungsbestand wird veräußert. Wir trennen uns hier von den Objekten des unteren Preissegments. Entsprechende Verhandlungen stehen kurz vor dem Abschluss.
>
> Unsere Strategie zielt auf die höhere Wirtschaftlichkeit des Unternehmens. Besonders wichtig ist hier die Vermietungsquote. Sie ist unbedingt zu erhöhen.
>
> Übrigens: Unser Unternehmen ist seit mehr als 25 Jahren als GmbH am Markt positioniert. Herr Brade und ich sind die Geschäftsführenden Gesellschafter. Jürgen Brade vertritt den technischen und ich den kaufmännischen Teil. Wir haben 135 Mitarbeiter. Sie sind im Wesentlichen in den beiden Geschäftsbereichen tätig. So, was möchten Sie noch wissen?"

Der Kaufmännische Geschäftsführer machte eine kurze Pause. Ich hatte den Eindruck, dass ihn die wirtschaftliche Lage des Unternehmens persönlich sehr bedrückte. Sie entscheidend zu verbessern, war sein Anliegen. Deshalb hatte er zu mir Kontakt aufgenommen.

Melzer wollte gerade auf den Beratungsansatz zu sprechen kommen, als Brade ins Zimmer trat. Er begrüßte mich mit einem lauten „Hallo, lieber Stratege! Was machen Sie denn bei uns? Habe ich etwa den *Arbeitskreis Mittelstand* verpasst?"

Melzer schwieg. Ihm schien die Situation peinlich zu sein. Offensichtlich hatten sich die beiden Chefs zu meinem Besuch nicht abgestimmt. Trotz einiger Versuche kamen weder Melzer noch ich auf einen befriedigenden Beratungsansatz.

"Wir bleiben im Kontakt", sagte Melzer beim Abschied.

Per Post bedankte ich mich einen Tag später bei ihm für die Zeit, die er sich für unser Gespräch genommen hatte. Als Anlage fügte ich ein Beratungsangebot bei. Nach etwa zwei Wochen kam Melzers Antwort. Er lud mich zu einem weiteren Gespräch ein.

„Wenn Sie möchten, machen wir etwas zusammen", so seine ersten Worte. „Aber die Beratungsaufgabe muss innerhalb einer festzulegenden Zeit zu einem bestimmten Resultat führen. Und ich bestehe auf der von Ihnen angekündigten Ergebnisverantwortung." Das entsprach meiner Vorstellung.

„Gut. Dann begleiten Sie mich doch bitte gleich zu jenem Bereich, welcher für die Verwaltung des Fremdbestands zuständig ist. Wenn Sie mit dem Bereichsleiter, Herrn Uhle, klarkommen, finden Sie dort Ihre Beratungsaufgabe."

Melzer machte uns bekannt. Ulrich Uhle, ein gut aussehender, kontaktfreudiger Mann von etwa 35 Jahren, war mir sofort sympathisch. Wir werden miteinander gut auskommen, fand ich. Der Kaufmännische Geschäftsführer ließ uns etwa eine Stunde Zeit, um uns zu verständigen. Dann seine Frage: „Sind Sie sich über die Beratungsaufgabe klar geworden? Wie lautet Ihr Vorschlag, Herr Uhle?"

Uhle wusste, dass Melzer auf Details achtet. Dementsprechend antwortete er: „Dass Sie mich und ein Team meines Bereichs beauftragen, innerhalb von 3 Monaten ab Beratungsbeginn 500 Wohneinheiten für die Fremdverwaltung zusätzlich zu unserem Tagesgeschäft zu akquirieren. Dabei sollten die Eigner der Wohnimmobilien unseren Verwaltungsaufwand mit mindestens x Euro pro Wohneinheit und Monat vergüten."

Der Kaufmännische Geschäftsführer rechnete kurz. Sein Gesichtsausdruck sagte mir, dass er mit dem zu erwartenden Jahresergebnis zufrieden sein könnte.

„Klingt ja ganz vernünftig. Und wie genau sieht Ihr Part dabei aus?", fragte er mich.

„Herr Melzer, ich brauche Zugriff auf das Team. Lassen Sie mich bitte als externen Co-Manager und Coach an Herrn Uhles Seite treten. Meine Aufgabe sehe ich dann in einer zielführenden Kombination aus Managementberatung, Coaching, Teamtraining und Ergebnissteuerung."

Melzer schien überzeugt zu sein. „Und was kostet Ihre Leistung?"

„Lassen Sie uns 12 Tagewerke zu je y Euro als Basisvergütung vereinbaren. Wenn innerhalb von 3 Monaten die versprochenen Ergebnisse kommen, legen Sie bitte den gleichen Betrag je Tag drauf. Passt das in Ihr Budget?", so meine Gegenfrage.

Melzer hielt den Kopf leicht geneigt und lächelte vor sich hin. „Also gut, dann probieren wir es mal miteinander. Auf gute Zusammenarbeit!" Der Kaufmännische Geschäftsführer schien das Gespräch mit einem guten Gefühl zu beenden.

Durch Erfolg überzeugen

Eine Woche später kam der Beratungsauftrag. Ich rief Ulrich Uhle an. Wir terminierten unser erstes Gespräch auf „Arbeitsebene", wie er sich auszudrücken pflegte. „Wir haben beide das gleiche Ziel. Und wir werden es gemeinsam erreichen. Sie erfüllen damit Ihren Auftrag und ich zeige, dass auch mit der oft unterschätzten Fremdverwaltung gutes Geld für unser Unternehmen zu verdienen ist", so Uhles Gesprächseröffnung.

Offensichtlich fühlte sich Uhle von der Unterschätzung seines Bereichs ganz persönlich betroffen. Neben einem gesunden Ehrgeiz hörte ich auch eine versteckte Kampfansage heraus. Denen werde ich es zeigen, schien er zu denken. Ich vermutete, dass Uhle im Führungskreis des Unternehmens mehr Gewicht, mehr Stimme und Gehör erlangen wollte.

Ich mag Leute mit offenem Visier: Hört, was ich will! Prüft, ob ich es erreiche! Mit dieser Lebenseinstellung motivieren sie sich selbst, an ihrem Ziel dranzubleiben. Die große Masse hat das Problem nicht. Sie hält sich bedeckt. Ihr Visier bleibt geschlossen.

Uhle fuhr fort: „Ich habe darüber nachgedacht, wie unser Vorhaben bestmöglich zu organisieren ist, ohne das Tagesgeschäft zu stören. Günstig wäre, das Teamtraining an halben Wochenenden, sagen wir 14-tägig, vorzusehen. Freitags ist dafür die Zeit von 13 bis 20 Uhr geeignet. Und samstags wäre von 9 bis 16 Uhr möglich. Ich habe diese Zeiten mit dem infrage kommenden Mitarbeiterkreis vorbehaltlich Ihrer Zustimmung bereits abgestimmt. Geht das so?" Ja, so ging es.

Die sechs Auserwählten warteten auf das erste Teamtraining. Vier Damen und zwei Herren waren am Start. Der Kaufmännische Geschäftsführer verwies auf die wirtschaftliche Situation des Unternehmens und ordnete der Akquisitionsaufgabe als Maßnahme zur Erlössteigerung eine hohe Priorität zu. Er bedankte sich vorab für das Engagement der Anwesenden. Dann übergab er dem Bereichsleiter die Steuerung. Das Startsignal war gegeben. Die Zeit lief.

„Das Ziel unseres Vorhabens ist, innerhalb von 3 Monaten 500 neue Wohneinheiten für Verwaltungsaufgaben zu akquirieren. Dabei wird uns der Coach unterstützen." So stellte mich Uhle dem Team vor. Ich übernahm: „Würden Sie bitte ganz kurz sagen, was Sie im Unternehmen tun, und wie lange Sie das schon tun."

Drei Damen mit jeweils mehr als zwanzigjähriger Erfahrung in der Wohnungsverwaltung waren anwesend. Für sie war die Akquisition weitgehend unbekannt. Sie verwalteten in Auftrag gegebene Wohnungsbestände. Hinzu kamen drei junge Leute, eine Dame und zwei Herren. Alle drei kannten sich in der Akquisition aus – sagten sie.

„Vielen Dank. Dann sollten wir uns jetzt über die Aufgabenverteilung im Team verständigen. Ich möchte gern, dass Ihr Denken, Fühlen und Handeln berücksichtigt wird. Ich halte es für wichtig, dass diese persönlichen Eigenschaften in etwa zu der von Ihnen zu übernehmenden Aufgabe passen."

„Wie bitte?" Einige waren verunsichert. „Wissen Sie, wir machen unseren Job schon lange. Und wir machen ihn auch gut. Bisher hat noch keiner nach unseren persönlichen Eigenschaften gefragt. Wir haben eine Aufgabe. Und die ist zu erfüllen", so eine der Bestandsverwalterinnen.

„Was Sie sagen, gilt auch für unser Team. Nur, der Charakter der Aufgabe ist entscheidend. Wir müssen akquirieren. Dabei ist vordergründig der Kontakt zu den Eigentümern herzustellen. Sie sind davon zu überzeugen, dass das Verwalten ihrer Wohnimmobilien durch uns für sie einen erheblichen Nutzen bringt. Andererseits ist qualifizierte Hintergrundarbeit zu leisten. Adressen sind zu beschaffen, Ansprechpartner zu ermitteln, Mailings zu versenden." Ich versuchte, meine Linie vorzugeben.

„Also ehrlich gesagt, ich kenne meine persönlichen Eigenschaften gar nicht so genau", warf Frank Faber, einer der beiden jungen Männer, ein. Der andere, Gregor Gerster, pflichtete ihm bei. Auch die drei Bestandsverwalterinnen schüttelten ihre Köpfe.

Eine von ihnen, Sylvia Schobes, sprach ich an: „Darf ich Sie fragen, ob Sie im Umgang mit anderen Menschen eher dazu neigen, offen aus sich herauszugehen, kontaktfreudig und direkt zu sein oder ob Sie mehr verschlossen, in sich gekehrt, kontaktarm und zurückhaltend sind?"

Frau Schobes überlegte kurz: „Das hängt von den Menschen ab. Zu Leuten, die ich kenne, habe ich guten Kontakt. Zu ihnen bin ich offen. Bei Fremden hingegen halte ich mich etwas zurück. Es braucht eben seine Zeit, bis ich mit denen warm werden kann. Ich habe also keine bevorzugte Seite." Doch, hatte sie. Das war ihr jedoch nicht bewusst.

„Klar, in jedem von uns sind beide Seiten vorhanden. Die Frage ist nur, welche Seite überwiegt und somit typisch ist", ging ich auf Frau Schobes ein.

Das Thema war spannend. Eine erregte Diskussion erfüllte den Raum. Vier Teammitglieder konnten bei sich keine bevorzugte Seite ausmachen. Dazu wollte ich sie bringen.

„Ich gehe davon aus, dass Ihnen die anzusprechenden Eigentümer unbekannt sind. Wenn Sie sagen, dass es eben seine Zeit braucht, um Kontakt aufzubauen und warm zu werden, dann ist diese Eigenschaft für die Akquisition nicht so gut geeignet. Denn, wie wollen Sie Mieteinheiten akquirieren, wenn es Ihnen schwer fällt, die Eigner zu kontaktieren und zu überzeugen." Ich sprach direkt. Und Frau Schobes war sauer.

Das bemerkte ich und wandte mich dem Team zu: „Bitte sehen Sie in meiner Aussage keine Wertung im Sinne einer guten oder schlechten Eigenschaft. Ich möchte nur, dass Sie Ihre bevorzugten Seiten als Stärke in unsere Teamarbeit einbringen. Wenn Sie das tun, dann haben Sie mit weniger Energieaufwand garantiert mehr Erfolg, der Sie motiviert und voranbringt. Falls Sie das nicht tun, müssen Sie mehr Energie aufwenden, erzielen einen geringeren Erfolg und demotivieren sich damit selbst. Das lässt sich vermeiden." Die Teammitglieder hatten mein Anliegen verstanden. Auch sie wollten erfolgreich sein.

„Können wir unsere bevorzugten Eigenschaften nicht irgendwie objektiv ermitteln? Mir scheint, wir stochern etwas im Nebel", warf der Bereichsleiter ein.

„Das können wir mit Hilfe einer *Typindikation*. Wenn Sie wollen, lege ich Ihnen dazu einen Fragebogen vor. Zu jeder Frage markieren Sie dann bitte die für Sie am ehesten zutreffende Auswahlantwort. Mittels eines Auswertungsprogramms erhalten Sie einen Vorschlag. Er basiert auf Ihren Antworten und zeigt die daraus abgeleiteten Präferenzen Ihres Denkens, Fühlens und Handelns an. Diesen Vorschlag prüfen Sie bitte. Falls Sie ihn bestätigen, haben wir einen ersten Ansatz für unsere Arbeitsteilung im Team", empfahl ich. Und ob das Team das wollte! Also, den Fragebogen ausfüllen und die Auswertung abwarten – das war das Gebot der Stunde.

> **Info**
>
> ### ERKENNE DICH SELBST. UND ANDERE AUCH.
>
> Die angewandte Typindikation basiert auf vier Dimensionen mit jeweils zwei Ausprägungen:
>
> 1 Einstellen des eigenen Ichs auf die Außen- oder eher auf die Innenwelt
>   (Außenwelt: E, Innenwelt: I)
> 2 Wahrnehmen der Außenwelt über die fünf Sinne oder eher über die Intuition
>   (Sinne: S, Intuition: N)
> 3 Beurteilen des Wahrgenommenen denkend/analytisch oder eher gefühls-/wertbezogen
>   (Denken: T, Fühlen: F)
> 4 Einstellen auf das Abschließen/Struktur oder eher auf das Offenhalten/Prozess
>   (Abschließen: J, Offenhalten: P)
>
> Somit ist es möglich, 16 verschiedene Persönlichkeitstypen differenziert zu beschreiben.

Nach kurzer Zeit des Auswertens übergab ich den Teammitgliedern den Präferenzvorschlag. Er besteht aus einem vierstelligen Buchstabenkode und einem erläuternden Textteil. „Lesen Sie bitte den Textteil intensiv durch. Prüfen Sie, inwieweit die Aussagen auf Sie ganz persönlich zutreffen. Wenn das der Fall ist, dann steht der Buchstabenkode als Kurzform für Ihren Persönlichkeitstyp. Klar, dass es keine Reinformen gibt. Vielmehr sind bei jedem Menschen auch gegensätzliche Eigenschaften vorhanden. Dennoch, mit Blick auf die vier Dimensionen, ist in der Regel jeweils eine Eigenschaft stärker ausgeprägt als die andere", erläuterte ich.

Die Teammitglieder lasen, fanden sich in Textteilen wieder, lehnten Passagen ab und setzten Fragezeichen. Darüber stritten wir trefflich. Doch bald herrschte

Einigkeit: Wir wollten die vorgeschlagenen Präferenzen für die Teamarbeit nutzen. „So, nun notieren Sie bitte Ihren Typenkode auf Ihrem Namensschild. So, wie Sie denken, fühlen und handeln, tun das andere Vertreter Ihres Typs in etwa auch. Das ist nicht zufällig, sondern läuft typbezogen nach jenen Mustern ab, welche Sie in den Textteilen kennen gelernt haben."

Jeder schaute interessiert auf die Namensschilder: ISTJ stand bei Sylvia Schobes. ESTP bei Elke Ebert, der jungen Dame mit den Akquise-Kenntnissen. ENTJ bei Frank Faber, ENFP bei Gregor Gerster, ISFP bei Gerlinde Gerk und ESTJ bei Gisa Gube. Die Damen Gerk und Gube gehörten zum Trio der Bestandsverwalterinnen.

„Wir sollten uns nun über die Bedeutung der Buchstaben klar werden. Darauf beziehen wir uns bei der Kommunikation mit den Eigentümern", empfahl ich.

„Na, die Buchstaben der ersten Dimension haben Sie im Gespräch mit Frau Schobes ja bereits durch Merkmale untersetzt. So steht das E – Extraversion – sicher für offen, aus sich herausgehend, kontaktfreudig, vordergründig und offensiv. Das I – Introversion – hingegen steht dann wohl für verschlossen, in sich gekehrt, kontaktarm, zurückhaltend, vorsichtig, abwartend und defensiv", sagte Ulrich Uhle an mich gewandt.

„Richtig. Zu ergänzen wäre noch, dass Leute mit E-Präferenz ihr Denken, Fühlen und Handeln auf die Außenwelt einstellen. Sie suchen die Interaktion und gewinnen ihre Energie überwiegend aus dem Kontakt zu anderen Menschen. Leute mit I-Präferenz hingegen konzentrieren sich mehr auf ihre Innenwelt. Soweit möglich, meiden sie die Interaktion und schöpfen ihre Energie überwiegend aus einem internen Vorrat an Ideen und Vorstellungen. Können Sie, liebe E- und I-Vertreter, das so bestätigen?" Zustimmendes Murmeln in der Runde.

Damit hatten wir quasi einen ersten Ansatz zur Arbeitsteilung gefunden. Was lag näher, als die E-Präferenz im „Außendienst" und die I-Präferenz im „Innendienst" anzusiedeln? Ergo: Vier „Außendienstler" und zwei „Innendienstler" – so lautete die erste Bilanz. Das schien hervorragend zu passen.

Ich griff den Faden wieder auf: „Bei der zweiten Dimension geht es um die Wahrnehmung. Hier werden einerseits die fünf Sinne, also Hören, Sehen, Fühlen, Schmecken und Riechen, bevorzugt eingesetzt. Der Buchstabe S – Sensing – steht in diesem Fall für Realitätssinn, Praxisbezug, Detailorientierung, Faktenstärke und Bodenhaftung. Bekanntes hat hier Vorrang vor Neuem. Andererseits wird der so genannte sechste Sinn, die Ahnung oder Eingebung, genutzt. N – Intuition – steht in diesem Fall für das Erkennen und Nutzen neuer Chancen und Möglichkeiten, für komplexe Wirkungszusammenhänge ohne Details, für Ideenreichtum und gedankliche Höhenflüge. Sie können diese Kontrastierung ganz praktisch nachvollziehen. Stellen Sie sich bitte vor, jemand von Ihnen mit einer S-Präferenz soll einen Eigentümer vom Typ N überzeugen, seine Wohneinheiten von Ihrem Unternehmen verwalten zu lassen. Was sollte er tun? Und was sollte er lassen?", fragte ich die vier S-Vertreter.

Elke Ebert war sofort zur Stelle: „Na, ich würde den N-Typ keinesfalls mit Details überschütten. Vielmehr würde ich ihm neue Möglichkeiten aufzeigen, die sich aus unserer Zusammenarbeit für ihn ergeben." So ähnlich sahen das die anderen S-Leute auch. Nur Sylvia Schobes opponierte: „Nun trägt ja keiner ein Plakat vor sich her, auf dem seine vier Buchstaben abgebildet sind. Pardon! Woran können wir denn beispielsweise einen S-Typ am Telefon erkennen?"

Der Bereichsleiter antwortete kompetent: „Gehen wir davon aus, Sie haben den telefonischen Einstieg geschafft. Sie haben beim Gesprächspartner Aufmerksamkeit erregt und Interesse geweckt. Er möchte jetzt mehr erfahren, interessiert sich für Ihr Unternehmen, fragt nach den Leistungen, Preisen und Konditionen. Derartige Detailfragen deuten mustergerecht auf einen S-Typ hin. Sie sollten dementsprechend beantwortet werden." Das schien klar zu sein.

„Bei der dritten Dimension geht es um die Beurteilung des Wahrgenommenen. Einerseits kennen wir die über den Kopf gesteuerten Menschen. Für sie steht der Buchstabe T, also Thinking. Er impliziert Sachlichkeit, Logik, Vernunft, Konsequenz, Distanz und Kritik. T-Typen wägen das Pro und Kontra ihres Urteils ab und sehen die Konsequenzen. Andererseits sind uns die ihrem Herzen folgenden Menschen gut bekannt. F wie Feeling steht hier für Einfühlsamkeit, Verständnis, Überzeugung, menschliche Wärme, persönliche Anteilnahme und ausgeprägtes Sozialverhalten."

Ich führte auch hier ein Beispiel zur Kontrastierung an. Will der Coach uns langweilen, schienen einige zu denken und schauten gelangweilt in die Runde.

Also weiter: „Schließlich zur vierten Dimension. Hier geht es um die Einstellung zu Personen und Dingen. Sie kennen doch jene Menschen, die privat und beruflich runde, abgeschlossene Aktionen anstreben. Für sie steht der Buchstabe J – Judgement. Er bezeichnet Ordnung, Struktur, Zuverlässigkeit, Kontrolle, Entschlossenheit, Systematik und Planmäßigkeit. J-Typen achten mehr auf das Ergebnis als auf den Prozess, in dessen Verlauf es entsteht. P – Perception – hingegen charakterisiert Eigenschaften wie ‚Dinge sich entwickeln lassen', ‚sich nicht festlegen wollen', ‚abwarten, nichts überstürzen', ‚nicht voreilig handeln'. ‚Rom wurde auch nicht an einem Tag erbaut' – so ihre Devise."

Ich ergänzte: „Auch hierzu ein Beispiel: Sie als J-Typ wollen nun endlich Klarheit. Sie streben das Ja zur Übernahme der Verwaltung an. Der Eigentümer, ein P-Typ, fühlt sich von Ihnen unter Druck gesetzt. Dem muss er sich entziehen. Pech für Sie? Nein, eher Ihre Unkenntnis der Typologie von Persönlichkeiten."

Das Team war überzeugt, mit der *Typindikation* den richtigen Ansatz für die Akquisition gefunden zu haben. Zusammenfassend hielten wir auf einer Tafel fest:

Info

DIE WESENTLICHEN PERSÖNLICHKEITSMERKMALE

E .... (Extraversion – außenorientiert)
Offen, aus sich herausgehend, kontaktfreudig, vordergründig, offensiv

I .... (Introversion – innenorientiert)
Verschlossen, in sich gekehrt, kontaktarm, zurückhaltend, vorsichtig, abwartend, defensiv

S .... (Sensing – sinnlich wahrnehmend)
Realistisch, konkret, praktisch, konventionell, am Detail orientiert, faktenstark, bodenhaftend

N .... (Intuition – intuitiv wahrnehmend)
Ideenreich, abstrakt, innovativ, unkonventionell, erkennt und nutzt neue Chancen und Möglichkeiten, sieht komplexe Wirkungszusammenhänge ohne Details

T .... (Thinking – denkend/analytisch urteilend)
Sachlich, logisch, vernünftig, konsequent, distanziert, kritisch prüfend

F .... (Feeling – gefühls-/wertbezogen urteilend)
Einfühlsam, verständnisvoll, handelt aus Überzeugung, menschliche Wärme, persönliche Anteilnahme, ausgeprägtes Sozialverhalten

J .... (Judgement – abschließend eingestellt)
Organisiert, systematisch, strukturiert, planvoll, kontrolliert, zuverlässig, entschlossen

P .... (Perception – offen haltend eingestellt)
Dinge sich entwickeln lassen, sich nicht festlegen wollen, abwarten, nichts überstürzen, nicht voreilig handeln

Die Tafel half uns bei der praktischen Orientierung. Wir kamen damit gut voran. Ulrich Uhle formulierte eine erste Hausaufgabe: „Bis zu unserem nächsten Treffen bestimmen Sie, Frau Schobes und Frau Gerk, bitte die Zielgruppen unserer Akquisition. Je Zielgruppe erfassen Sie bitte 100 qualifizierte Adressen mit Ansprechpartnern. Und der ‚Außendienst', definiert bitte jene Leistungsarten, welche wir den Zielgruppen anbieten wollen. Achten Sie darauf, kein Fachchinesisch zu verwenden. Formulieren Sie bitte in der Begriffswelt der Anzusprechenden."

Um sicher zu sein, dass er richtig verstanden wurde, entwickelte Uhle eine Tabelle als Muster. Die Zeilen sah er für die Leistungsarten, die Spalten für die Zielgruppen vor. In den Schnittpunkten der Zeilen und Spalten markierte er jeweils ein Feld für den Nutzwert, der sich aus der Leistung für die Zielgruppe ergibt. Das tabellarische Gebilde nannte er kurz: die Matrix. Sie sollte die Basis für unsere *Nutzwertkommunikation* werden.

„Greifen wir beispielsweise die Hauseigentümer als Zielgruppe heraus. Für sie bieten wir unter anderem das ‚Gewinnen und Binden von Mietern' als Leistungsart an. Die Frage ist, welcher Nutzwert aus dieser Leistung für die Eigentümer resultiert", so Uhle.

„Ganz klar, wir liefern eine korrekte Betriebskostenabrechnung. Damit entlasten wir die Hauseigentümer von aufwendiger Detailarbeit und erstellen für sie prüffähige Unterlagen. Das gibt ihnen die Sicherheit, auf der Basis gültiger Vorschriften und Verordnungen zu wirtschaften", brachte Frau Schobes ein.

Frank Faber sah das anders: „Frau Schobes hat meines Erachtens eine weitere Leistungsart genannt, welche als neue Zeile in der Matrix aufzuführen ist." Er fügte hinzu. „Doch zu Ihrem Beispiel, Herr Uhle. Hier hat der Nutzwert für mich drei Bestandteile, nämlich einen *Gebrauchs-, Erlebnis-* sowie *Marken- bzw. Imagewert.*"

„Können Sie das bitte etwas verständlicher machen", bat Uhle.

„Aber gern", antwortete der junge Mann. „Wenn wir für die Hauseigentümer Mieter gewinnen und binden, so ist das eine Dienstleistung. Sie zielt darauf, den Wohnungsleerstand zu reduzieren oder zu vermeiden und somit die Wirtschaftlichkeit der Objektnutzung zu gewährleisten. Der Gebrauch unserer

Dienstleistung schafft für die Eigentümer einen Wert, der konkret darstellbar ist. Dieser objektiv gegebene Wertanteil heißt *Gebrauchswert*."

Faber fuhr fort: „Nehmen wir an, die Hauseigentümer nutzen unsere Dienstleistung oder die eines anderen Bieters nicht. In diesem Fall müssten sie sich ja wohl selbst um das Gewinnen und Binden von Mietern kümmern. Beide Aufgaben lieben manche Eigner nicht so sehr, da sie diese als notwendiges Übel bei der Verwertung ihrer Wohnimmobilien empfinden. Wenn wir diese negative Empfindung aufgreifen und die Eigner von ihrer ungeliebten Arbeit entlasten, hat das für sie einen emotionalen, subjektiv höchst unterschiedlich wahrnehmbaren Wert – den *Erlebniswert*. Er besteht darin, dass sich die Eigner entsprechend ihrem Wertesystem auf das für sie Wesentliche konzentrieren können und uns den Rest, der für uns von Interesse ist, überlassen. Das ist eine perfekte Arbeitsteilung zum gegenseitigen Nutzen."

Nach einer kurzen Denkpause beendete Faber sein Solo: „Gehen wir ferner davon aus, dass wir einen Hauseigentümer davon überzeugen können, das Gewinnen und Binden von Mietern unserem Unternehmen zu überlassen. Bevor er das tut, wird er jedoch genau prüfen, ob unsere Firma als ‚Marke' für zuverlässige Dienstleistungen rund um Wohnimmobilien steht und wir ein gutes Rufbild haben. Das hat für den Eigner einen Wert – den *Marken- bzw. Imagewert*. Auch er geht in die Entscheidung des Hauseigentümers für oder gegen unser Unternehmen ein."

Frank Faber hatte wesentlich zur Nutzwertbestimmung für Dienstleistungen beigetragen. Nach dem nun vorliegenden Muster stellte das Team die Matrix fertig.

Beim zweiten Teamtraining stand die *Nutzwertkommunikation* im Mittelpunkt. Das Schwierige dabei ist, genau jene Wertbestandteile auf dem Silbertablett zu präsentieren, auf welche der Gesprächspartner vermutlich positiv reagiert. Wir mussten also wissen, wie der Eigentümer in etwa denkt und fühlt und mit welcher Trumpfkarte wir stechen können. Um das herauszufinden, übten wir als Typenvertreter an und mit uns selbst.

Sehr intensiv trainierten wir die Kontrastierung mit Bezug auf die Wahrnehmungs- und Beurteilungspräferenzen. So sollte beispielsweise Elke Ebert (ST) einen Hausbesitzer alias Gregor Gerster (NF) von der Fremdverwaltung seiner

Wohnimmobilien überzeugen. Ein gleiches Training absolvierten Frank Faber (NT) und Gerlinde Gerk (SF). Videosequenzen erhöhten die Selbstreflexion der Akteure. Sie tauschten die Rollen und gewannen Sicherheit.

Das Telefonmarketing stand beim dritten Teamtraining auf dem Programm. Wir entwickelten ein Telefonmarketing-Skript und übten die Gesprächsführung mit verteilten Rollen. Das Trainingsziel war, simulierend Gesprächstermine mit Hausbesitzern zu vereinbaren. Ich zeichnete die Gesprächsführung auf. Gemeinsam bewerteten und verbesserten wir die einzelnen Passagen.

Danach fühlten sich die „Außendienstler" fit. Der Bereichsleiter und ich waren uns einig, sie nach drei intensiven Wochenenden des Teamtrainings telefonisch auf die Hausbesitzer und die anderen Zielgruppen „loslassen" zu können.

Der „Innendienst" hatte etwa 400 Adressen erfasst. Mittels Mailing informierte er die Adressaten über unser Akquisitionsvorhaben. Der „Außendienst" sollte telefonisch nachfassen. Jeder der vier Beteiligten erhielt eine Liste mit etwa 100 Adressen von Wohnimmobilieneignern.

Vereinbart war, die Ergebnisse der Telefonaktion zum nächsten Teamtreffen in zwei Wochen vorzulegen. Da Ulrich Uhle noch Urlaub hatte, bat ich das Team, mir zu berichten. Die Fakten hielt ich fest: Alle 400 Adressaten wurden telefonisch kontaktiert. Einige sogar mehrmals. Insgesamt wurden 22 Gesprächstermine vereinbart. Davon erzielten Elke Ebert 10, Frank Faber 7, Gregor Gerster 3 und Gisa Gube 2 Termine.

Das war recht wenig! Unter der Annahme, dass je Gespräch durchschnittlich 8 Wohneinheiten akquiriert werden, könnten wir maximal 176 Wohneinheiten hinzugewinnen. Das Soll betrug jedoch 500 Wohneinheiten. Und wir hatten nur noch 4 Wochen Zeit.

„Ich möchte gern, dass Sie das Ergebnis der Telefonaktion bewerten. Sprechen Sie bitte auch über Ihre Vorstellungen, wie und womit wir unser vereinbartes Ziel dennoch erreichen können." So meine Aufforderung als Co-Manager und Coach beim Teamreport.

Gregor Gerster sprach als Erster: „Es war für mich höchst frustrierend, immer wieder das Gleiche zu hören: ‚Brauchen wir nicht, machen wir selbst' – so tönte es vom anderen Ende der Leitung. Oder ich wurde vom Vorzimmer des potenziellen Kunden abgeblockt. Nein, so habe ich mir das nicht vorgestellt! Ich habe von der Telefonakquise die Nase gestrichen voll!"

„Wie sind Sie denn mit der Einwandbehandlung klargekommen? Mit den beiden Einwänden, die Sie nannten, hatten wir uns doch im Training intensiv befasst", fragte ich nach.

„Wenn Sie immer nur ‚Nein' hören, können Sie auch Ihre Einwandbehandlung stecken lassen. Das nützt doch alles nichts. Nein heißt nun mal Nein." Der Frust brach bei ihm durch. Gregor Gerster hatte aufgegeben. Der Misserfolg hatte ihn ganz persönlich getroffen. Noch nie waren die Arbeitsergebnisse des jungen Mannes derart gemessen und bewertet worden. Zwar telefonierte Gerster, dem Auftrag entsprechend, die Adressliste ab. Den Glauben an seinen Erfolg jedoch hatte er bereits in der ersten Hälfte der Telefonaktion verloren. Die andere Seite am Telefon hatte sein Selbstwertgefühl empfindlich geschwächt.

Gisa Gube machte es kürzer: „Ich bin für so etwas doch wohl eher ungeeignet. Ich merke das schon nach den ersten Telefonaten. Es ist wie beim Lernen einer Fremdsprache. Auch dafür eigne ich mich nicht besonders." Aha!

Wir waren an einem Scheideweg. Aufgeben oder nicht? Das war die Frage. Besonders problematisch empfand ich, dass sich niemand dazu äußerte, wie unser Ziel erreicht werden könnte. Teilweise schwache Ergebnisse und schlechte Stimmung im Team – so mein Fazit für den Bericht.

In der Folgewoche kehrte der Bereichsleiter aus dem Urlaub zurück. Das Team informierte ihn sofort über die Lage. Minuten später klingelte mein Telefon. „Ja, ich komme morgen früh zu Ihnen. Wir besprechen dann die Situation", versprach ich.

Ulrich Uhle hatte sich umfassend informiert. Elke Ebert und Frank Faber hatten ihm gesagt, dass die Negativstimmung im Team genau dann eintrat, als die beiden anderen „Außendienstler" ihre Erfolglosigkeit erlebten. Gisa Gube und Gregor Gerster fanden, dass ihr Tagesgeschäft unter der Doppelbelastung erheblich leide. Klar, Misserfolg sucht Ausreden!

„Sie geben nicht auf, oder? Sie sind doch kein Schönwetter-Berater." Uhle lachte mich an.

„Nein, gewiss nicht", gab ich lachend zurück. „Wir sind zwar in einer Krise. Aber sie ist zu überwinden. Ich habe einen Vorschlag. Erstens: Wir nehmen Gube und Gerster aus dem Team heraus. Beide sollten sich wieder voll und ganz dem Tagesgeschäft widmen. Zweitens: Ebert und Faber telefonieren nach. In den erfassten 400 Adressen liegt einfach zu viel Potenzial. Das ist nachfassend zu erschließen. Drittens: Wir legen das Gesprächstraining auf dieses Wochenende. So verbleiben uns noch drei Wochen. Diese sind von Elke Ebert und Frank Gerster intensiv zu nutzen, um Gespräche mit den Wohnungseignern von Angesicht zu Angesicht zu führen. Und viertens: Wir messen und bewerten die Akquisitionsleistung stufenweise. So können wir sie besser steuern."

„Und ich werde mich aktiv in die Nachfassaktion einklinken. Fünfzig Adressen übernehme ich", erklärte der Bereichsleiter. „Im Übrigen bin ich mit Ihrem Vorschlag einverstanden. Nur, was meinen Sie mit ‚stufenweiser' Leistungsbewertung?"

Ich antwortete: „Unsere Aufgabe lautet, Aufträge für die Fremdverwaltung von Wohnimmobilien zu gewinnen. Den Erfolg könnten wir messen und bewerten, indem wir die Zahl der akquirierten Aufträge zur Zahl der geführten Telefongespräche ins Verhältnis setzen. Wir könnten uns aber auch auf die Teilaufgaben konzentrieren und Teilindizes bilden. Das Telefonmarketing, kurz TM, ist unsere erste Teilaufgabe. Der Index ‚TM-Erfolg' ist hier interessant. Als nächstes sind die persönlichen Gespräche ‚Face-to-Face' – F-to-F – mit den Eignern zu führen. Der Index ‚F-to-F-Erfolg' ist hier gut geeignet. Und letztlich die Angebotstätigkeit. Hier können wir den Index ‚Angebotserfolg' nutzen:"

> **Info**
>
> ## Akquisitionsleistungen messen und bewerten
>
> **Stufenindizes**
>
> $$I_{\text{TM-Erfolg}} = \frac{\text{Zahl terminierter F-to-F-Gespräche}}{\text{Zahl geführter Telefongespräche}}$$
>
> $$I_{\text{F-to-F-Erfolg}} = \frac{\text{Zahl abgegebener Angebote}}{\text{Zahl terminierter F-to-F-Gespräche}}$$
>
> $$I_{\text{Angebotserfolg}} = \frac{\text{Zahl akquirierter Aufträge}}{\text{Zahl abgegebener Angebote}}$$
>
> **Komplexindex Akquisitionserfolg**
>
> $$I_{\text{Akquisitionserfolg}} = I_{\text{TM Erfolg}} * I_{\text{F-to-F-Erfolg}} * I_{\text{Angebotserfolg}}$$

Der Bereichsleiter hatte den Sinn des Vorschlags erfasst: „Gut, wir steuern also über die Stufenindizes. Damit können wir die verbleibende Zeit für ein ganz gezieltes Coaching nutzen, um die Teilergebnisse zu verbessern."

Genau so machten wir es. Und wir hatten das Glück der Tüchtigen auf unserer Seite. Ein großer Fisch ging Elke Ebert ins Netz. 220 Wohneinheiten auf einen Streich. Eine Erbengemeinschaft schien förmlich auf uns gewartet zu haben. Frau Ebert strahlte, als sie von ihrem Erfolg berichtete. Ich freute mich mit ihr und fragte nach der Erfolgsursache.

„Ich habe mit der *Nutzwertkommunikation* gepunktet. Der Sprecher der Erbengemeinschaft wollte wissen, ob wir eine hundertprozentige Vermietung sichern können. Ich schaute den Herren an, lächelte und sagte: ‚Hundertprozentige

Sicherheiten gehören zu den großen Illusionen des Lebens. Denken Sie beispielsweise an eine Eheschließung. Beide Partner verpflichten sich zu Liebe und Treue. Sie sind willens, ihr Eheversprechen einzulösen. Der kleine Unterschied ist, dass wir nicht nur willens, sondern auch fähig sind, unseren Verpflichtungen zur Verwaltung Ihres Wohneigentums umfassend und partnerschaftlich nachzukommen.' Das überzeugte."

Drei Wochen harter Arbeit lagen hinter uns. Das Ergebnis überstieg die Erwartungen: 527 Wohneinheiten wurden termingerecht akquiriert, so berichtete der Bereichsleiter dem Kaufmännischen Geschäftsführer. Dabei wurde die Zielgröße des zu vergütenden Verwaltungsaufwands erreicht.

Matthias Melzer war hocherfreut. Dazu hatte er zweifachen Grund. Einerseits erinnerte er sich, dass sein „gutes Gefühl" für die Vergabe des Beratungsauftrags entscheidend war. Das hatte ihn nicht betrogen. Und: Er hatte kein Geld für einen Berater in den Sand gesetzt. Ganz im Gegenteil. Und andererseits gewann Melzer durch unseren Akquisitionserfolg die Erkenntnis, dass die „Fremdverwaltung" durchaus wirtschaftlich attraktiv sein kann. Dieser Erkenntnis folgte Melzers Handlung: Er positionierte die über den Nutzwert neu definierte Dienstleistung für Eigentümer von Wohnimmobilien erfolgreich am Markt. Der Erlösanteil in diesem Geschäftsbereich stieg im Folgejahr von 10 auf 16 %.

Auch Ulrich Uhle verbuchte einen Zugewinn. Er festigte seine Position im Führungskreis. Seine Meinung zählte. Man hörte auf ihn. Sein offenes Visier hatte sich bewährt.

Und das Akquisitionsteam? Alle hatten durch das Training und Coaching gewonnen. Die Bestandsverwalterinnen entwickelten sich zu Dienstleisterinnen. Ihr neues Denken und Handeln ging über den gewohnten Verwaltungshorizont weit hinaus. Elke Ebert und Frank Faber stiegen auf. Der Bereichsleiter kürte sie zu Teamleitern. Auch Gregor Gerster hielt durch. Er fand seine Liebe zur Akquisition erst auf den zweiten Blick. Mit zunehmendem Akquise-Erfolg gewann er sein Selbstwertgefühl zurück.

Und ich, der Berater, Coach und Trainer? Klar, ich hatte Geld für meine Firma und mich verdient. Aber darüber hinaus hatte ich Menschen kennen gelernt, mit denen mir die Zusammenarbeit große Freude bereitete. Und, was für mich das Wichtigste war: Das Team hatte durch Erfolg überzeugt. Das Nebengeschäft kam in Fahrt und hatte an Profil gewonnen. Doch wie stand es mit dem Hauptgeschäft?

Den Chefdialog moderieren

Im Buschfunk des Unternehmens tönten die Trommeln. Sie verkündeten den Akquisitionserfolg höchst unterschiedlich. Die einen bejubelten den Erlöszuwachs und die gewonnene Profilierung. Die anderen klagten über die Methoden, die im Teamtraining angewendet worden seien. Was die armen Kolleginnen und Kollegen doch so alles über sich ergehen lassen mussten!

Ein derartiger negativer Ton kam auch dem Technischen Geschäftsführer zu Ohren. Jürgen Brade fragte seinen Kompagnon, was denn daran wahr sei.

„Absolut nichts", so dessen knappe Antwort. Klar, auch Matthias Melzer hatte Ähnliches gehört. Er vertrat jedoch den Standpunkt, dass Negatives meist aus der Ecke der weniger Erfolgreichen kommt. So dachte auch Ulrich Uhle. Und da beide ihre Pappenheimer kannten, sahen sie keine Veranlassung, diesen Beschwerden zu große Beachtung zu schenken.

Doch Brade wollte keinen Krach in seinem Unternehmen. Er forderte Melzer auf, die Suppe, die er sich selbst eingerührt hatte, auch auszulöffeln. Dass ich die Suppe war, konnte ich aus Melzers Einladung nicht erkennen. Ich möchte doch bitte beiden Geschäftsführern über den Akquiseverlauf und -erfolg berichten, stand dort in freundlich gehaltenen Worten geschrieben.

Wir trafen uns im Besprechungsraum. Die beiden Chefs saßen sich an den Längsseiten einer riesigen Tafel gegenüber. Ich wurde gebeten, an der zum Fenster gelegenen Querseite Platz zu nehmen. Mir gegenüber saßen Ulrich Uhle und Kathrin Kramer, die Bereichsleiterin für das Vermieten und Verwalten des Wohnungseigenbestands.

„Wir wollen heute über Ihre Beratungsaufgabe abschließend befinden. Sie haben die Ziele erfüllt und sind Ihrer versprochenen Ergebnisverantwortung gerecht geworden. Dafür dankt Ihnen die Geschäftsleitung. Gleichwohl möchten wir Sie bitten, uns über das Wie und Womit zu informieren, mit dem Sie das Erreichen des Ziels gesteuert haben", eröffnete Melzer das Gespräch.

Ich berichtete kurz über die Fakten. Als ich zu den Ergebnissen der Telefonaktion kam, unterbrach mich Brade: „Hätten Sie mit der Berichterstattung nicht warten müssen, bis der zuständige Bereichsleiter aus dem Urlaub zurück war?"

„Das wäre denkbar gewesen, hätte uns aber sieben Arbeitstage von den verbleibenden drei Wochen gekostet. Das konnte ich nicht riskieren", antwortete ich.

„Und warum haben Sie sich dazu nicht mit dem Kaufmännischen Geschäftsführer, Ihrem Auftraggeber, abgestimmt?", fasste Jürgen Brade nach.

„Wir hatten vereinbart, dass ich als externer Co-Manager an Herrn Uhles Seite trete. Ich war mir sicher, dass diese Vereinbarung auch für dessen Abwesenheit galt".

Jürgen Brade bemerkte in einem Ton, von dem ich mich bedrängt fühlte: „Im Unternehmen wird über Methoden gemunkelt, die Sie im Teamtraining angewendet haben sollen."

Aha, daher weht der Wind! „Und was genau wird gemunkelt?", wollte ich wissen.

„Gesprochen wird davon, dass Sie Teammitglieder abgewertet und demotiviert hätten. Die von Ihnen getroffene Zuordnung zum ‚Innendienst' wird von den beiden Kolleginnen als Abwertung empfunden. Und die Offenlegung der Telefonergebnisse sei demotivierend, so berichteten mir zwei Beteiligte."

Jürgen Brade hatte unverblümt gesprochen. Einerseits schien er sich noch immer darüber zu ärgern, dass er von Melzer nicht über den Beratungsauftrag informiert worden war. Ich hatte den Eindruck, als wolle er seinen Ärger an mir ablassen. Zwar zielte er auf mich. Treffen wollte er jedoch seinen Kompagnon.

Andererseits kannte mich Brade bisher nur vom *Arbeitskreis Mittelstand*. Dort war ich für ihn der „Stratege", der Ideengeber. Und er war für mich der „Praktiker", der Macher. Nun trafen wir in seinem Unternehmen aufeinander. Jetzt änderte sich die Konstellation. Hier durfte ich nicht nur der Stratege sein. Die Umsetzung war hier gefragt. Kurzum: Brade wollte prüfen, ob ich ein Beratungsmensch bin, der auch die Ärmel hochkrempeln kann.

„Wenn ich dazu etwas sagen darf, würde ich das jetzt gern tun", nahm Uhle das Wort. An den Technischen Geschäftsführer gewandt sagte er: „Was Ihnen da so zugetragen wurde, ist absurd. Erstens haben wir die Arbeitsaufgaben im Team gemeinsam festgelegt. Dazu gab es die Zustimmung aller Beteiligten. Und zweitens meine ich, dass es höchste Zeit ist, auch in unserem Unternehmen die individuellen Arbeitsleistungen zu messen und zu bewerten und somit die Spreu vom Weizen zu trennen."

Kathrin Kramer schaute verblüfft auf den Sprecher. Hatte der an Selbstvertrauen gewonnen! Einen so starken Auftritt von Uhle hatte sie bisher noch nicht im Führungskreis erlebt.

Auch Jürgen Brade war beeindruckt. Was stimmt denn nun, schien er zu denken. Einerseits hatte er die Beschwerden seiner Mitarbeiter im Ohr und andererseits erlebte er die klare Positionierung seines Bereichsleiters. In der Absicht den Widerspruch aufzulösen, fragte er mich: „Und welche schrecklichen Methoden haben Sie denn nun eigentlich angewendet?"

Ich störte mich nicht an seiner Ironie und versuchte zu erklären: „Wenn ich beispielsweise die *Typindikation* anwende, nehmen die einen diese Methode als Mittel zur Selbsterkenntnis an. Die anderen hingegen lehnen die gleiche Methode ab, weil sie vielleicht mit Aussagen konfrontiert werden, die ganz und gar nicht mit ihrem Selbstbild übereinstimmen. Genau das ist der Punkt", argumentierte ich. Damit überzeugte ich Brade. Aus seiner langjährigen Führungspraxis kannte er die Problematik des Selbst- und Fremdbilds gut. Daher entschloss er sich, das ganze Negativgetrommel einfach abzuhaken.

„Einen Moment bitte noch", raunte mir der Technische Geschäftsführer beim Abschied zu. Melzer sollte das nicht hören. In seinem Büro sagte Brade: „Sie erinnern sich gewiss noch an den Unternehmerstammtisch. Dort hatte ich ja gesagt, dass ich beim besten Willen kaum Zeit für den strategischen Weitblick habe. Das meine ich auch so. Dennoch brauchen wir ihn. Wie sehen Sie denn das?"

„Sie kennen doch meine Position, Herr Brade. Klar, der strategische Weitblick ist auch für Ihr Unternehmen unerlässlich."

„Ja schon. Aber wer soll den Weitblick entwickeln?"

„Ich denke, Sie sollten sich mit Herrn Melzer dazu verständigen. Die gemeinsame Inhaberführung ist hier gefragt."

Jürgen Brade reagierte genervt: „Das ist ja das Problem! Einerseits können wir nicht so gut miteinander, was Sie ja sicher schon bemerkt haben. Und anderseits sind wir aufeinander angewiesen. Es ist wie in einer verbrauchten Ehe. Unsere Kommunikation beschränkt sich auf das absolute Minimum."

„Warum können Sie eigentlich nicht so gut miteinander?", fragte ich ganz direkt.

Brade antwortete ohne Zögern: „Herr Melzer ist irgendwie anders als ich. Ich habe den Eindruck, dass auf mein ‚Hü' sein sofortiges ‚Hot' folgt. Und das schon über Jahre hinweg. Das schlaucht, sage ich Ihnen."

Ich wusste genau, wovon Brade redete. Eine ähnliche Situation hatte ich selbst über zwölf Jahre hinweg durchlebt. Auch mein ehemaliger GmbH-Kompagnon denkt und handelt anders als ich. Gegenseitige Aufforderungen, sich zu ändern, brachten nichts. Ganz im Gegenteil. Sie steigerten nur den beiderseitigen Frust. Wir mussten beide lernen, nicht den jeweils anderen verändern zu wollen, sondern dessen Anderssein zu verstehen und als Chance für Gemeinsames zu erschließen. Letztlich erkannten wir die unterschiedlichen Muster des persönlichen Denkens, Fühlens und Handelns gegenseitig an. Von diesem, zugegeben erst spät verwirklichten, unternehmerischen Miteinander erzählte ich Brade. Er schaute mich recht ungläubig an. Wusste er doch, dass dieses menschliche Problem in der Führung vieler Unternehmen offen oder versteckt auftritt. Welche Ressourcen liegen hier brach! Wie viel Ignoranz und Selbstgefälligkeit der Unternehmensführung tritt hier zu Tage! Und wie viele Unternehmen wurden und werden so bewusst oder unbewusst in den Ruin geführt!

„Sehr aufschlussreich, was Sie da sagen. Aber wie können wir unser Problem auf die Reihe bekommen?", fragte mich Brade.

„Wo ein Wille ist, ist auch ein Weg. Nur, Sie müssen beide wollen. Wenn Sie möchten, baue ich Ihnen zu Herrn Melzer eine Brücke zur Verständigung."

„Wenn das gelingen würde! Na gut, versuchen können Sie es ja."

Jürgen Brade war willens. Auch Matthias Melzer ließ sich überzeugen. Beide wollten über die Brücke gehen. Also setzten wir uns wieder auf „neutralem Boden", im Besprechungszimmer, zusammen. Sitzordnung wie gehabt, registrierte ich. Die Chefs thronten an den Längsseiten der gewaltigen Tafel. Ich saß an einer Stirnseite und sollte moderieren.

Ein moderierter Chefdialog – das wird spannend! Ganz vorsichtig begann ich, die Brücke zu bauen. Ich sprach vom Anderssein und vom Miteinander. Dann kam ich auf die *Typindikation* zu sprechen: „Was halten Sie davon, wenn wir sie als tragenden Pfeiler für unsere Brücke wählen?"

Obwohl die Herren Brade und Melzer gestandene Unternehmer sind, hatte ich im Moment keinesfalls den Eindruck, als stünden sie über den Dingen. Beide drucksten herum und redeten irgendwelches Zeug. Einem klaren Ja oder Nein verwehrten sie sich. Also Attacke meinerseits: „Gut, wenn Sie nichts dagegen haben, machen wir das so."

Für mich stand das Ergebnis der *Typindikation* von vornherein weitgehend fest. Zu intensiv traten die Kontraste beider Unternehmerpersönlichkeiten zu Tage. Auf der einen Seite operierte Matthias Melzer, der „Schöngeist", der ruhige, immer etwas in sich gekehrte, manchmal gar verträumt wirkende, freundliche und loyale Chef, der auf eigene Ideen, persönliche Beziehungen und soziale Harmonie großen Wert legt. Und auf der anderen Seite agierte Jürgen Brade, der „Kommandierende General", dem die persönlichen Ansichten anderer weitgehend gleichgültig sind, der mehr vom Respekt, denn von der Zuneigung seiner Mitarbeiter lebt, der immer und überall raucht und seine anhaltend schlechte Laune pflegt.

Schöngeist und Kommandeur – so nahm ich das Führungsduo wahr. Aber es ging ja nicht um meine Wahrnehmung. Vielmehr wollte ich beide Chefs auf den Weg zur Selbsterkenntnis führen. Sie sollte der Auftakt sein, um schrittweise das Spannungsverhältnis zu lösen.

Die Präferenzvorschläge trafen meine Erwartung. INFP war für Matthias Melzer angezeigt. Und ESTJ stand für Jürgen Brade. Beide lasen interessiert den jeweiligen Textteil. So viel Zutreffendes hatten sie nicht erwartet. Zu 90 bis 95 % stimmten beide den Musteraussagen zu. Danach las der eine die Typbeschreibung des anderen. Nachdenklichkeit machte sich breit. Wenn einer soundso denkt, fühlt und handelt, wird er das sicher auch in Zukunft genauso tun, schienen beide zu denken. Sollte somit das Denken, Fühlen und Handeln vorhersagbar sein?

„Ja, so in etwa ist das. Was halten Sie von diesem Ansatz? Ist er nicht bestens geeignet, den Umgang miteinander zu verbessern?", fragte ich.

Klar, dass sie sich nicht gleich freudig in den Armen liegen konnten. Dennoch, ein erster Schritt zum Miteinander war getan. Die beiden Chefs redeten wieder miteinander. Das verschüttet gegangene Bewusstsein ihrer gemeinsamen unternehmerischen Verantwortung war wieder aktiviert worden. Einmal hatte ich in einer „schlauen" Schrift zur Unternehmensberatung gelesen: Kümmere dich vor allem um die Menschen. Die Dinge regeln sich dann wie von selbst. Wie wahr!

In der Woche darauf setzten wir den moderierten Chefdialog fort. Das Miteinander braucht Zeit, dachten beide Geschäftsführer. Und so nutzten sie wiederum meine Brücke. Diesmal ging es um den strategischen Weitblick.

Jürgen Brade wollte vor allem die Geschäftsprozesse verbessern, sie rationeller und effektiver gestalten.

Im Kontrast dazu setzte der Kaufmännische Geschäftsführer auf konsequente Erneuerung. Er wollte sein Unternehmen als führenden Dienstleister im Bereich individueller Wohnlösungen am lokalen Mietwohnungsmarkt neu positionieren. Die Marktposition sollte auf konsequenter Kundenorientierung und einem Nutzwert für die Kunden, der dem der Wettbewerber überlegen ist, basieren.

Melzer war fest davon überzeugt, dass dieser Zielzustand, der die Umwandlung des Unternehmens vom „klassischen" Wohnungsverwalter zum profitablen Dienstleister zur Grundlage hat, innerhalb von fünf Jahren zu erreichen sei. Mit dieser unternehmerischen Vision ging Melzer offensichtlich schon seit längerer Zeit um. Vielleicht hatte ihn das gestörte Verhältnis zu seinem Kompagnon bisher davon abgehalten, seine Gedanken derart klar zu strukturieren. Doch jetzt, da das Eis gebrochen war, entfaltete sich Melzers innovativer Geist ungehemmt: „Wir müssen aufhören, nur das ‚Produkt' Wohnung zu vermarkten. Vielmehr müssen wir unsere Leistungen rund um das individuelle Wohnen neu positionieren. Ich denke, wir sollten zwei Dinge tun: Erstens sollten wir uns ganz intensiv um unsere Mieter und Mietinteressenten und deren Wohnbedürfnisse kümmern. Und zweitens sollten wir ihnen ein deutliches Mehr an Nutzwert bieten, als es die Konkurrenz vermag. Ein den Wettbewerbern überlegener Nutzwert – genau das muss unser Angebot sein! Und genau das zahlt sich letztlich für unser Unternehmen aus!"

Jürgen Brade schien seinen Ohren nicht zu trauen. Er konnte sich nicht erinnern, Matthias Melzer jemals so innovativ erlebt zu haben. Oder hatte das der „Praktiker" bisher nur nicht wahrgenommen?

Melzer setzte fort: „Zum einen brauchen wir eine konsequente Neuorientierung. Wir müssen aus dem gegenwärtigen, mehr oder weniger sachbezogenen Vermieten und Verwalten unseres Wohnungsbestands eine überzeugende individuelle Dienstleistung für unsere Mieter entwickeln. Das bedarf einer Art Grundgesetz für unser Denken und Handeln. Kurzum: Wir brauchen ein Unternehmensleitbild! Und das muss von allen Mitarbeitern unseres Unternehmens getragen werden! Und zum anderen müssen wir die Wertschöpfung in den Vordergrund stellen und uns ganz bewusst auf jene Prozesse konzentrieren, in welchen der Nutzwert für unsere Kunden geschaffen wird! Nur so können wir in unserem Preissegment die lokale Nutzwertführerschaft erzielen!"

Überzeugend legte Melzer seine Gedanken dar. Warum eigentlich hatte ein derartiges Potenzial an strategischer Führung jahrelang im Unternehmen brachgelegen? Die Antwort ist simpel: Die Chefs hatten sich jahrelang gegenseitig blockiert. Nunmehr war die Blockade aufgelöst. Das setzte ungeahnte Energien frei.

„Herr Melzer, wenn ich Sie richtig verstehe, leiten Sie aus Ihrer Vision auch die Eckpunkte einer Unternehmensstrategie ab. Einerseits setzen Sie auf eine konsequente Kundenorientierung. Das wollen Sie in einem Leitbild festschreiben. Und andererseits ist es Ihre Absicht, Ihrer Mieterklientel einen anderen Anbietern überlegenen Nutzwert zu bieten. Dazu ist ein Prozessmanagement erforderlich, in dessen Fokus die Wertschöpfung steht", fasste ich die strategische Ausrichtung zusammen.

„Völlig richtig", antwortete Melzer sichtlich erfreut darüber, dass er korrekt verstanden wurde. Sein Blick streifte Jürgen Brade. Wie verdaut er denn das alles?

„Also, Herr Melzer, ich muss schon sagen, gute Ideen haben Sie. Und ich möchte mich in der Umsetzung auch gern einbringen. Ich habe dazu auch einen Vorschlag. Was halten Sie davon, wenn wir unsere strategische Ausrichtung auf der Jahresklausur, die ja ohnehin auf Dezember terminiert ist, präzisieren. Da passt doch diese Thematik gut hinein", regte der Technische Geschäftsführer an.

Hatte Brade da eben von „unserer" strategischen Ausrichtung gesprochen? Melzer jedenfalls verstand das so. Er zeigte sich erfreut: „Genauso machen wir das. Ich meine, wir sollten zur Vorbereitung der Klausur zwei Hausaufgaben vergeben. Herrn Uhle sollten wir bitten, ein Leitbild zu entwickeln. Und Frau Kramer könnte sich um die Gestaltung der Wertschöpfungsprozesse kümmern. Dazu sollten beide bis zur Klausur eine Leitungsvorlage erarbeiten."

Brade war mit diesem Vorschlag einverstanden. Ich wurde gebeten, die Bereichsleiter beratend zu begleiten und den konzeptuellen Rahmen beizusteuern.

Das Leitbild entwickeln

Somit stand mein zweiter Beratungsauftrag in diesem Unternehmen. Was lag da näher, als an die Hausaufgaben anzuknüpfen? Also nahm ich Kontakt zu Kathrin Kramer und Ulrich Uhle auf. Der Bereichsleiter schien sich zu freuen, wieder ein Vorhaben mit mir angehen zu können. Wir hatten ja unsere erste Feuerprobe bereits bestanden. Verständlicherweise hielt sich seine Kollegin mit ihrer Begeisterung zurück. Offensichtlich wollte sie erst einmal sehen, wie sich die gemeinsame Arbeit entwickelt.

„Wir haben eine anspruchsvolle Aufgabe zu erfüllen. Die Geschäftsführung hat Sie beauftragt, ein Leitbild zu entwickeln und die Wertschöpfungsprozesse neu zu gestalten. Und ich darf Sie dabei unterstützen. Doch wie und womit beginnen wir unsere Arbeit?", so meine Einleitung zum ersten Treffen.

„Na, jetzt ist doch wohl zuerst Ihr Part gefragt. Wenn ich die Chefs richtig verstanden habe, wollen Sie ja den Konzeptrahmen beisteuern", argumentierte der Bereichsleiter.

Das sah Kathrin Kramer ebenso. Sie ging jedoch noch einen Schritt weiter: „Das Leitbild soll doch von unseren Mitarbeitern in unseren Arbeitsprozessen gelebt werden. Insofern sind die Leitbildaussagen und die Prozessgestaltung eng miteinander verflochten. Um das bestmöglich zu beachten, sollten wir beide Entwicklungsaufgaben koppeln", schlug sie vor.

An Uhle gewandt ergänzte Frau Kramer: „Wenn Sie nichts dagegen haben, reichen wir die beiden Vorlagen gemeinsam ein. Das unterstreicht, dass wir abgestimmt vorgegangen sind."

„Gut, so machen wir es", bestätigte Uhle.

„Dann sollten wir uns wohl zuerst um das Leitbild kümmern. Was halten Sie davon, von einer Begriffsbestimmung auszugehen?", fragte ich.

„Klar. Warum denn nicht?" Und so stellte ich meinen Ansatz vor:

Info

Ein Unternehmensleitbild ...

... ist das „Grundgesetz" des Unternehmens. Als Basiskonsens dokumentiert es dessen Selbstverständnis (Wer sind wir?), beschreibt den Unternehmenszweck (Warum existieren wir?), erfasst die Grundwerte (Wofür stehen wir?) und legt die im Unternehmen zu lebenden Denk- und Handlungsmuster (Wie denken und handeln wir?) verbindlich fest.

... zielt auf eine unverwechselbare Unternehmensidentität, die als differenzierender Wettbewerbsfaktor am Markt wahrgenommen und ergebniswirksam umgesetzt wird.

„Ich denke, wir können von dieser Begriffsbestimmung ausgehen. Die vier Fragen sind für unsere Leitbildentwicklung hilfreich. An ihnen können wir uns gut orientieren", meinte Uhle.

Kathrin Kramer pflichtete ihm bei: „Richtig. Doch ganz wichtig erscheint mir auch der zweite Teil der Definition. Nicht das Leitbild an sich ist interessant, sondern dessen Umsetzung. Wir müssen das Leitbild leben. Nur das gelebte Leitbild zählt!"

„Ja, aber wir können den zweiten Schritt nun mal nicht vor dem ersten tun. Jetzt geht es doch wohl vorerst um die Leitbildentwicklung", argumentierte der Bereichsleiter. Und er setzte fort: „Wir sollten zuerst einmal festhalten, dass wir ein Dienstleistungsunternehmen sind. Und dann könnten wir uns das Dienen und Leisten mal genauer anschauen. Diese Sicht sollte unsere Zielkunden und unsere Leistungen erfassen, die wir für sie erbringen. Ja, und dann denke ich, dass wir jene Werte bestimmen, welche wir im Unternehmen teilen. Daraus ergeben sich dann zwangsläufig die von uns umzusetzenden Denk- und Handlungsmuster."

„Und wie steht es denn mit dem Dienen und Leisten?", griff ich Uhles Gedanken auf.

„Das ist schon etwas problematisch. Wenn wir das Wort ‚Dienstleistung' auflösen, so führt das zu ‚Dienen' und ‚Leisten'. Dabei beziehe ich ‚Dienen' auf die Mieter. Ich diene ihnen, indem ich etwas für sie leiste. Und dieses Etwas muss für sie einen Nutzwert haben. Dienstleisten heißt also Nutzwert bieten. Das Problem ist, dass uns ‚Dienen' schwer von der Zunge geht. Vielleicht hat das etwas mit der sprachlichen Nähe zu ‚Dienern' zu tun. Und wer will schon dienern? Doch das ist hier ja überhaupt nicht gemeint", argumentierte Uhle.

„Diese Interpretation gefällt mir. So etwa sollten wir es im Leitbild formulieren. Und was die tragenden Werte betrifft, so denke ich insbesondere an konsequente Nähe zu den Mietern, aufmerksame Zuwendung, persönliches Engagement, bestmögliches Erfüllen individueller Mieterwünsche und Bedürfnisse sowie einzuhaltende Nutzwertversprechen. Aus diesen Werten resultiert eine auf Vertrauen und Sympathie basierende Mieter-/Vermieterpartnerschaft, die letztlich zu gesteigerten Umsatzerlösen aus Mietergewinnung und -bindung führt." Die Bereichsleiterin zeigte Format.

„Nun sind die Leitbildaussagen ja nicht nur auf die Mieter gerichtet. Vielmehr sollten im Leitbild alle Interessengruppen angesprochen werden. Dazu gehören beispielsweise auch unsere Mitarbeiter. Doch ich denke, wir sollten uns heute ausschließlich auf unsere Mietinteressenten und Mieter konzentrieren. Lassen

Sie uns das dazu Gesagte doch einfach mal aufschreiben", schlug ich vor und fasste zusammen:

> **Notiz**
>
> ### Den Mietern verpflichtet
>
> Wir sind ein Dienstleistungsunternehmen. Dienen und Leisten – unseren Mietern zum Nutzen. Das ist für uns Herausforderung und Verpflichtung. Wir sind gefordert und verpflichtet, die individuellen Wünsche und Bedürfnisse unserer Mieter rund um die Lebensqualität „Wohnen" bestmöglich zu erfüllen.
>
> Wir setzen auf eine Mieter-/Vermieterpartnerschaft. Für einen ausgewählten Mieterkreis, der besonderen Wert auf faires, partnerschaftliches Miteinander, vertrauensvolle Zusammenarbeit und garantierte Zuverlässigkeit legt, sind wir ein attraktiver Bieter anspruchsvoller Wohnlösungen im mittleren Preissegment.
>
> Wir bieten einen unseren Wettbewerbern überlegenen Nutzwert zu einem fairen Preis. Die Anforderungen unserer Mieter mittels Leistung zu erfüllen – das ist unsere Pflicht. Jenseits der Pflicht übertreffen wir die Nutzwerterwartungen der Mieter.
>
> Wir geben der Mieterzufriedenheit eine neue Dimension. Durch hohe Leistungsqualität, konsequente Nähe zum Mieter, aufmerksame Zuwendung, persönliches Engagement sowie eingehaltene Nutzwertversprechen erzielen wir eine hohe Mieterzufriedenheit und schaffen somit eine Atmosphäre des Vertrauens und der Sympathie.

„Also, trotzdem ich einige Leitbildaussagen ja selbst eingebracht habe, kommen mir beim Lesen dieser Zusammenfassung doch einige Bedenken. Ich empfinde den Text als recht komprimiert und auch etwas abgehoben. Bevor wir den Entwurf der Geschäftsführung vorlegen, sollten wir intensiv darüber beraten und einige Aussagen vielleicht auch inhaltlich untersetzen", argumentierte Frau Kramer.

Uhle pflichtete ihr bei: „Ja, richtig. Sofern erforderlich, sollten wir jeder Aussage eine kurze Interpretation beifügen. Diese ist ohnehin erforderlich, wenn das Leitbild den Mitarbeitern vorgestellt wird."

„Also, gehen wir die Aussagen kurz durch. Wie steht es denn mit der ersten Passage?", schob ich die Interpretation an.

„Ich bleibe mal gleich bei der Überschrift: ‚Den Mietern verpflichtet' – das ist eine Botschaft. Gemeint ist doch wohl, dass wir unser Denken und Handeln ganz konsequent an unseren Mietern, an deren Problemen, Wünschen, Bedürfnissen und Befindlichkeiten orientieren. Letztlich sind es doch die Mieter, welche unsere Arbeitsplätze und die Existenz unseres Unternehmens sichern. Keine Mieter – keine Arbeitsplätze – kein Unternehmen. So einfach ist das!" Uhle sagte das sehr überzeugend.

Er fuhr fort: „Die erste Leitbildpassage untersetzt die Botschaft. Wichtig erscheint mir hier, die Aussage zur Lebensqualität ‚Wohnen' zu erläutern. Wir meinen damit, dass wir unseren Mietern deutlich mehr bieten als nur das ‚Produkt' Wohnung, deutlich mehr als nur ein so genanntes ‚Dach über dem Kopf'. Uns geht es vor allem darum, all jene Dimensionen unserer Dienstleistung wirksam zu machen, welche zum Mieternutzwert beitragen. Dazu gehören die Qualität der Wohnung und des Wohnumfelds. Ferner zählen dazu auch die Qualität unseres Services und unserer Mieter-/Vermieterpartnerschaft. Und letztlich tragen unser Rufbild und unsere Marktposition zum Nutzwert bei. Denn welcher Mieter will sich schon mit einem Vermieter einlassen, dessen Ruf ruiniert ist oder dem gar die Insolvenz droht."

Frau Kramer interpretierte die zweite Passage: „Hier bestimmen wir unseren Mieterkreis, unsere Zielgruppe. Und wir nennen jene Werte, welche die angestrebte Partnerschaft auszeichnen. Das sind faires Miteinander, vertrauensvolle Zusammenarbeit und garantierte Zuverlässigkeit. Mit Blick auf diese Werte sagen wir aber auch, quasi zwischen den Zeilen, dass nicht jeder Mietinteressent für uns als Mieter interessant ist. Auf Leute, die das Klima durch deutliche Unfairness, ständiges Misstrauen und erhebliche Unzuverlässigkeit vergiften, verzichten wir gern. Und letztlich äußern wir uns zu dem Preissegment, in dem wir unsere Wohnlösungen anbieten."

„Übrigens, der Begriff ‚Wohnlösung' gefällt mir gut. Er verdeutlicht den Freiraum für das Gestalten und Ausstatten der Wohnung gemäß Mieterwunsch und -möglichkeit", bemerkte ich.

„Die dritte Aussage spricht einen ‚unseren Wettbewerbern überlegenen Nutzwert', den wir unseren Mietern bieten wollen, an. Wir müssen aufpassen, dass diese Aussage nicht zu einem Lippenbekenntnis verkommt. Vielmehr sollten wir bei der Prozessgestaltung eine Leistungskennzahl etablieren, mit deren Hilfe wir den Aussagegehalt messen und bewerten können", stellte Frau Kramer die Verbindung zum Prozessmanagement her.

„Und bei der letzten Leitbildaussage kommen wir wohl zu einer Debatte über Wertauffassungen. Ich halte es für erforderlich, die Werte inhaltlich zu untersetzen. Denn wir müssen sie ja mit Leben erfüllen. Das jedoch setzt voraus, dass wir sie verstehen und verinnerlichen. Beispielsweise wissen wir, dass es nicht der kühle Sachbezug ist, mit dem wir unsere Mieter gewinnen und binden. Vielmehr ist das Verständnis für die individuellen Probleme, Wünsche, Bedürfnisse und Befindlichkeiten unserer Mieter gefragt. Also wenden wir uns ihnen aufmerksam zu und zeigen persönliches Engagement. Das heißt, wir sind kompetent, freundlich, einfühlsam und kommunikativ. Und wir stehen zu unserem Wort. Jedes Nutzwertversprechen ist konsequent einzuhalten. Das ist für die *Kundenzufriedenheit* entscheidend. Auch dafür sollten wir eine Leistungskennzahl etablieren."
Ulrich Uhle hatte das Wesentliche gesagt.

„Ich meine, wir sollten die vier Leitbildaussagen so belassen und sie jeweils durch eine kurze Interpretation ergänzen. So können wir unsere Vorlage dann auch einreichen", empfahl die Bereichsleiterin. Uhle nickte zustimmend. Er stellte die Vorlage mit Blick auf die anderen Interessengruppen fertig. Damit war die erste Hausaufgabe erfüllt. Nun lag es an den Chefs, dem Leitbild durch eine

Führungsentscheidung die „Gesetzeskraft" im Unternehmen zu geben. Das sollte auf der Jahresklausur erfolgen.

Die Wertschöpfungsprozesse gestalten

Wir konnten uns dem Prozessmanagement zuwenden. Wie vereinbart, war es wiederum mein Part, den konzeptuellen Rahmen vorzugeben. „Ich denke, wir sollten bei der Gestaltung der Wertschöpfungsprozesse von dem Ziel ausgehen, eine höhere Wirtschaftlichkeit Ihres Unternehmens zu erreichen. Dazu sind zwei Teilziele zu erfüllen: Erstens müssen Sie potenzielle Mietinteressenten als Neumieter gewinnen. Und zweitens sind Ihre Stammmieter dauerhaft zu binden."

„Können Sie Ihre ‚Makros' bitte etwas auflösen", warf Ulrich Uhle ein.

Kathrin Kramer kam mir zuvor: „Nehmen wir als Beispiel das Teilziel ‚Gesteigerter Umsatzerlös aus Neumietergewinnung'. Wenn wir mit einem den Wettbewerbern überlegenen Nutzwertangebot auf den Markt gehen, bewirken wir bei professioneller *Nutzwertkommunikation* das Interesse potenzieller Neumieter. Das Interesse wiederum löst bei überzeugender Argumentation den Wunsch aus, mit unserem Unternehmen eine vertraglich vereinbarte Mieter-/Vermieterpartnerschaft einzugehen, die zielerfüllend wirkt. So läuft die *Wertschöpfung*."

Die Bereichsleiterin hatte einen sehr komplexen Wirkungszusammenhang auf eine praktikable Wertschöpfungskette zurückgeführt. Sie fuhr fort: „Der zweite Wirkungszusammenhang ist ähnlich. Ein eingehaltenes Nutzwertversprechen wird eine hohe Mieterzufriedenheit zur Folge haben, die ihrerseits eine dauerhafte Mieterbindung ermöglicht, was sich letztlich in einem gesteigerten Umsatzerlös aus Stammmieterbindung niederschlägt."

Kathrin Kramer verstand es, die Beziehung zum Leitbild herzustellen. Sicher hatte sie genau das im Sinn, als sie für eine Kopplung der Leitbildentwicklung mit der Prozessgestaltung plädierte. Zwar hatte Ulrich Uhle eine sehr gute Auffassungsgabe. Doch diese komplexen Wirkungszusammenhänge forderten ihn spürbar. Eine Übersicht muss her, dachte ich. Und so visualisierte Frau Kramer ihre Gedanken:

Die Fasslichkeit und Logik des Dargestellten überzeugten den Bereichsleiter. Sein Blick traf mich. Höchst interessant, schien er sagen zu wollen. Ich freute mich über das Feedback: „Beide Wertschöpfungsketten verknüpfen die schrittweise zu erzielenden Prozessergebnisse mit den sie bewirkenden Erfolgsfaktoren. Wenn wir beispielsweise ein deutliches Interesse potenzieller Neumieter erzielen wollen, müssen wir den Mietinteressenten als Erfolgsfaktor ein den Wettbewerbern überlegenes Nutzwertangebot unterbreiten. Die Überlegenheit unseres Angebots ist konkret nachzuweisen. Dafür brauchen wir eine Leistungskennzahl, mit deren Hilfe wir messen, bewerten und steuern können. Verallgemeinert heißt das: Die

Erfolgsfaktoren sind für die Prozessergebnisse entscheidend. Oder anders gesagt: Wenn wir die Prozessergebnisse nicht erreichen, ist das ein Indiz dafür, dass wir die Erfolgsfaktoren nicht beherrschen."

„Wir müssen die Ergebniserzielung über die Erfolgsfaktoren ‚vorsteuern'. Genau das muss in den Wertschöpfungsprozessen erfolgen", meinte Uhle und fügte hinzu: „Ich denke, dass wir die beiden Wertschöpfungsketten gut nutzen können. Entlang dieser Ketten sollten wir die Prozessabläufe gestalten."

„Ja, hier ist Präzision gefragt. Ich denke insbesondere an die Nutzwertversprechen, die wir im Prozess ‚Mieter gewinnen' und ‚Mieter binden' gewährleisten müssen. Genau darauf kommt es an", bekräftigte Kathrin Kramer.

„Also, befassen wir uns jetzt mit den *Wertschöpfungsprozessen*", drängte Uhle.
Wie gewohnt, wollte ich mit einer Definition starten. Doch Frau Kramer bremste mich vorerst. Mit Blick auf die Komplexität der Thematik schlug sie vor, unser „Prozessteam" zu verstärken. Nach einigem Hin und Her der Personalauswahl stießen Frank Faber und Marie Mahler, eine junge Frau mit Führungspotenzial, zu uns.

„Beginnen wir nun mit der Gestaltungsarbeit. Ich schlage vor, den Begriff *Wertschöpfungsprozess* an bestimmte Merkmale zu binden", eröffnete ich die erweiterte Runde und präsentierte meinen Vorschlag:

Info

Ein Wertschöpfungsprozess ...

... ist ein betriebswirtschaftlicher Hauptprozess, in dessen Verlauf die Produkte bzw. Leistungen als Träger des Kundennutzwerts gefertigt bzw. erbracht werden.

... beginnt und endet beim Kunden. Das Prozessziel ist aus dessen Bedürfnissen, Anforderungen, Erwartungen und Wünschen abzuleiten.

... hat einen Prozessbereich. Dieser ist durch den Prozessbeginn und das Prozessende festgelegt.

... benötigt einen Prozessinput und generiert einen Prozessoutput.

... ist in eine Folge von Prozessschritten aufgelöst, die den Prozess inhaltlich untersetzen.

... wird mittels Messgrößen, Leistungskennzahlen und Sollvorgaben zielführend gesteuert.

... hat einen Prozessverantwortlichen.

„Sie legen uns hier ein Modell zur Beschreibung eines Wertschöpfungsprozesses vor. Ich kann im Moment nicht ganz nachvollziehen, ob Sie damit das Wesentliche erfasst haben. Doch ein praktikabler Ansatz ist es allemal", positionierte sich Uhle.

„Gut, beginnen wir also mit dem Prozess ‚Mieter gewinnen'. Wie wäre denn hier das Prozessziel zu formulieren?", fragte ich.

Frank Faber reagierte sofort: „Na ja, wenn ich ganz praktisch auf unseren Prozess der Mietergewinnung schaue, so ist ja wohl typisch, dass ein Wohnungssuchender mit der Absicht zu uns kommt zu prüfen, ob er mit uns ein Mietverhältnis eingehen kann und will. Natürlich spielen dabei seine Bedürfnisse, Anforderungen, Erwartungen, Befindlichkeiten und Wünsche eine Rolle. Und auch sein Geldbeutel ist wesentlich. Ganz klar. All das müssen wir ja wohl im Prozess beachten."

„Völlig richtig. Doch ich denke, wir sollten uns auf eine Kurzform der Zielbeschreibung verständigen. Was halten Sie davon, eine Passage des Leitbildes zu verwenden. Meines Erachtens geht es doch darum, genau jene Wohnungssuchenden als Neumieter zu gewinnen, welche besonderen Wert auf faires, partnerschaftliches Miteinander, vertrauensvolle Zusammenarbeit und garantierte Zuverlässigkeit legen", schlug der Bereichsleiter vor.

Frau Kramer fand die Formulierung zutreffend. Sie ergänzte: „Aus der Zielbeschreibung lässt sich der Prozessbereich sofort ableiten, nämlich: vom Wohnungssuchenden zum Neumieter. Der Prozess beginnt also mit dem Wohnungssuchenden, der zu einem Informationsgespräch zu uns kommt. Und er endet mit dem durch einen Mietvertrag gebundenen Neumieter."

„Klar, dass der Wohnungssuchende nicht zufällig zu uns kommt. Vielmehr sind hier erhebliche Vorleistungen unsererseits erforderlich. Denken Sie doch bitte an unsere Werbeaktionen in den verschiedensten Medien. Damit generieren wir die Aufmerksamkeit und das Interesse der Wohnungssuchenden", fügte die Bereichsleiterin hinzu.

„Dann sollten wir jetzt wohl darüber nachdenken, welche Schritte konkret erforderlich sind, um den Prozess ‚Mieter gewinnen' vom Anfang bis zum Ende zu gestalten", schlug ich vor.

Jetzt ergriff Marie Mahler das Wort: „Wir führen als Erstes ein Informationsgespräch mit dem Wohnungssuchenden. Falls das positiv verläuft, bieten wir ihm oder ihr eine oder mehrere passende Wohnlösungen an und verdeutlichen den Mieternutzwert. Dann folgt die Wohnungsbesichtigung vor Ort. Als Nächstes vereinbaren wir die Mietkonditionen und schließen letztlich den Mietvertrag ab."

„Das läuft doch wohl bei jedem Vermieter so oder so ähnlich ab. Doch der Teufel steckt ja bekanntlich im Detail. Sicher sollten wir in den Prozessschritten noch das eine oder andere genauer festlegen", riet Frau Kramer.

„Ich danke Ihnen für den Hinweis. Im Folgenden werden wir jeden Prozessschritt einheitlich beschreiben. Doch lassen Sie uns vorerst den *Wertschöpfungsprozess* fertig stellen. Wie beispielsweise wollen wir denn die Prozessleistung messen und bewerten?", fragte ich.

Wie erwartet, war Frank Faber sofort zur Stelle: „Ich denke hier an die Erfolgsquote. Dazu erfassen wir die Zahl der durch Mietverträge gebundenen Neumieter und die Zahl der anfragenden Wohnungssuchenden. Beide Zahlen setzen wir ins Verhältnis und bilden somit den Index ‚Mietergewinnung'. Bei einer Zielvorgabe, beispielsweise von 25 %, können wir mittels eines Soll-Ist-Vergleichs die Prozessleistung in einem bestimmten Zeitraum, z. B. von einem Quartal, messen, bewerten und steuern."

„Außerdem können wir die Erfolgsquote durch Stufenindizes, die auf die Prozessschritte zu beziehen sind, gut untersetzen", fügte Faber hinzu. Sicher erinnerte er sich an die Erfolgssteuerung der Akquisition von Wohneinheiten zur Fremdverwaltung. Kathrin Kramer und Marie Mahler war dieses Vorgehen unbekannt. Uhle übernahm es, die Damen kurz ins Bild zu setzen.

„So bliebe noch die Prozessverantwortung zu klären. Gemeint ist hier, dass ein Prozessmanager die Ablauf- und Ergebnisverantwortung über den *Wertschöpfungsprozess* ganzheitlich übernimmt. Doch Achtung! Das heißt in letzter Konsequenz, dass sich Ihr Unternehmen von der bisherigen Arbeitsweise trennt. So sollte es zukünftig ausgeschlossen sein, dass ein Mitarbeiter den Wohnungssuchenden berät und eine passende Wohnlösung anbietet, während ein anderer vor Ort die Besichtigung durchführt und letztlich ein Dritter die Mietkonditionen aushandelt und den Mietvertrag abschließt. In dem beschriebenen Fall ist die natürliche Prozessfolge gleich zweifach unterbrochen. Die Folge davon ist, dass Informations- und Effektivitätsverluste auftreten können. Die genannten Aufgaben sollten künftig aus einer Hand – von einem Mieterberater – erbracht werden. Die Mieterberater erhalten Anleitung und Unterstützung durch den Verantwortlichen des Prozesses ‚Mieter gewinnen'. Das ist der Kerngedanke des Prozessmanagements. Und genau so sollten wir es im Unternehmen einführen", schlug ich vor.

Die Anwesenden dachten über die Konsequenzen nach. Ihnen war bewusst, dass hiermit Entscheidungen vorbereitet werden, die erheblichen Einfluss auf die Arbeitsweise eines jeden Einzelnen haben werden.

Frau Kramer sprach diese Gedanken aus. Gleichzeitig orientierte sie darauf, unsere Aufgabe weiterzuführen: „Ich meine, wir sollten jetzt den *Wertschöpfungsprozess* ‚Mieter gewinnen', wie besprochen, formal beschreiben. Anschließend sollten wir die einzelnen Prozessschritte inhaltlich bestimmen. Irgendwie müssen wir ja auch die aus dem Leitbild resultierenden Denk- und Handlungsmuster in die Prozessgestaltung einbinden."

Und so entstand das Modell zur Beschreibung eines Wertschöpfungsprozesses:

> # Notiz
>
> **WERTSCHÖPFUNGSPROZESS „MIETER GEWINNEN"**
>
> | | |
> |---|---|
> | Prozessklasse/Identbegriff | Wertschöpfung/W-1 |
> | Prozessziel | Jene Wohnungssuchenden, welche in einer Mieter-/Vermieterpartnerschaft besonderen Wert auf faires Miteinander, vertrauensvolle Zusammenarbeit und garantierte Zuverlässigkeit legen, sind unter Beachtung der Mietkonditionen als Neumieter zu gewinnen (s. Leitbild) |
> | Prozessbereich | VON: Wohnungssuchender
BIS: Neumieter |
> | Prozessinput | Wohnungssuchender mit individuellen Bedürfnissen, Anforderungen, Erwartungen, Befindlichkeiten und Wünschen sowie Vorstellungen zu Mietkonditionen |
> | Prozessoutput | Durch Mietvertrag gebundener Neumieter |
> | Prozessschritte | W-1.1 Informationsgespräch führen
W-1.2 Wohnlösung anbieten
W-1.3 Wohnung besichtigen
W-1.4 Mietkonditionen vereinbaren
W-1.5 Mietvertrag abschließen |
> | Messgrößen | - Zahl der anfragenden Wohnungssuchenden
- Zahl der durch Mietverträge gebundenen Neumieter |
> | Leistungskennzahl | $I_{Mietergewinnung} = \dfrac{\text{Zahl der Neumieter}}{\text{Zahl der Wohnungssuchenden}}$ |
> | Zielvorgabe | $I >= 0.25$ |
> | Prozessverantwortlicher | Bereichsleiter Mietergewinnung |

„Mich überzeugt die Zusammenfassung. Sie erfasst präzise und verständlich das Wesentliche des Wertschöpfungsprozesses ‚Mieter gewinnen'. Ich denke, wir sollten nach dem gleichen Modell auch den Prozess ‚Mieter binden' beschreiben", meinte Uhle.

Doch vorher wollten wir den Prozessschritt „Informationsgespräch führen" festhalten. Faber startete: „Ich möchte gern mit dem Input – dem zu uns kommenden Wohnungssuchenden – beginnen. Mit ihm führen wir ein Informationsgespräch, in dessen Verlauf wir feststellen, ob er an der genannten Mieter-/Vermieterpartnerschaft interessiert ist. Wenn das der Fall ist – und das Budget des Wohnungssuchenden mitspielt –, dann ist er als potenzieller Neumieter für uns interessant. Ihm bieten wir im folgenden Prozessschritt ein oder mehrere passende Wohnlösungen an."

„Ich denke, wir sollten für Interessenten ein Profil anlegen. Die im Informationsgespräch erkannten Bedürfnisse, Anforderungen, Erwartungen, Befindlichkeiten und Wünsche der Wohnungssuchenden sowie deren Vorstellungen zu den Mietkonditionen können festgehalten werden. Auch wenn wir momentan nicht in der Lage sein sollten, eine passende Wohnlösung anzubieten, ist das Profil für unsere weitere Arbeit der Mietergewinnung nützlich", brachte Frau Mahler ein.

„Und als Messgrößen erfassen wir die Zahl der im Informationsgespräch anfragenden Wohnungssuchenden und die Zahl der als potenzielle Mieter qualifizierten Mietinteressenten. Beide Zahlen setzen wir ins Verhältnis und erzielen somit den Index ‚Mietinteressenten'. Dieser ist der erste Stufenindex, der den Komplexindex ‚Mietergewinnung' – die Leistungskennzahl des Wertschöpfungsprozesses – untersetzt", fügte Faber hinzu.

„Jetzt ist es wohl angebracht, etwas zum zu lebenden Leitbild zu sagen", nahm Kathrin Kramer das Wort. „Wenn wir es mit hoher Leistungsqualität, konsequenter Mieternähe, aufmerksamer Zuwendung und persönlichem Engagement ernst meinen, so müssen die entsprechenden Denk- und Handlungsmuster im Mieterkontakt erlebbar gemacht werden. Ich plädiere dafür, in den Prozessschrittbeschreibungen die möglichen Fehlerquellen deutlich zu benennen, um sie unseren Mitarbeitern bewusst zu machen und sie letztlich auszuschließen. In unserem Beispiel denke ich an die Gefahr einer unterentwickelten *emotionalen Kompetenz*, die sich im fehlenden Gespür für die Bedürfnisse, Anforderungen, Erwartungen, Befindlichkeiten und Wünsche der Wohnungssuchenden äußern könnte. Auch sehe ich die Problematik des einseitigen Sachbezugs, der leblosen Verwaltungssprache und der abstoßenden Bürokratenmentalität. Mit all diesen Mustern würden wir die potenziellen Mieter vergraulen. Das darf uns nicht passieren."

Sicher hatte Frau Kramer das Bild des klassischen „Wohnungsverwalters" noch nicht völlig aus dem Gedächtnis gelöscht, dem allzu leicht ein Spruch, wie „Was Sie suchen, das haben wir leider nicht", von den Lippen ging.

Nach diesem Disput modellierten wir den ersten Prozessschritt:

Notiz

Prozessschritt „Informationsgespräch führen"

Identbegriff	W-1.1
Gegenstand	In einem Informationsgespräch ist bei den anfragenden Wohnungssuchenden das Interesse an einer Mieter-/Vermieterpartnerschaft zu wecken. Dabei sind die Bedürfnisse, Anforderungen, Erwartungen, Befindlichkeiten und Wünsche der Wohnungssuchenden zu ermitteln sowie deren Vorstellungen zu den Mietkonditionen zu prüfen
Input	Wohnungssuchender
Output	- Als potenzieller Neumieter qualifizierter Mietinteressent - Mietinteressentenprofil
Tätigkeiten	- Mit Wohnungssuchenden sprechen - Bei Mietinteresse: Mietinteressentenprofil anlegen
Messgrößen	- Zahl der im Informationsgespräch anfragenden Wohnungssuchenden - Zahl der als potenzielle Kunden qualifizierten Mietinteressenten
Leistungskennzahl	$I_{Mietinteressenten} = \dfrac{\text{Zahl der qualifizierten Mietinteressen}}{\text{Zahl der Wohnungssuchenden}}$
Fehlerquellen	- Fehlende emotionale Kompetenz der Mitarbeiter - Einseitige Sachorientierung, leblose Verwaltungssprache, abstoßende Bürokratenmentalität
Vorbeuge-/Korrekturmaßnahmen	Training und Coaching (s. Kompetenzprofil „Kundenmanager Mietergewinnung")

Was nun kam, war überwiegend Fleißarbeit. Innerhalb kürzester Zeit entwickelte das Team die fehlenden Beschreibungen der Prozessschritte zu „Mieter gewinnen". Danach stand die Diskussion um den Wertschöpfungsprozess „Mieter binden" mit den untersetzenden Prozessschritten auf der Tagesordnung. Da wir die Beschreibungsmuster vereinheitlicht hatten, kamen wir gut voran.

Letztlich stimmten Kathrin Kramer und Ulrich Uhle die Endfassungen der Vorlagen ab. Wie gefordert, wurden sie rechtzeitig vor Klausurbeginn eingereicht. Somit war auch die zweite Hausaufgabe erfüllt.

Die Führungsentscheidungen treffen

Die Geschäftsführung hatte zur Jahresklausur eingeladen. Neben den beiden Chefs war der erweiterte Führungskreis anwesend. Dazu gehörten die Bereichs- und Teamleiter. Auch der Führungsnachwuchs war vertreten. Ich wurde gebeten, moderierend und beratend mitzuwirken.

Der Kaufmännische Geschäftsführer eröffnete die Klausur: „Unser Führungsmeeting am Jahresende hat bereits Tradition. Stärker als in der Vergangenheit wollen wir uns heute der Zukunft unseres Unternehmens zuwenden. Dazu wurden zwei Vorlagen eingereicht, über die zu befinden ist. Ich schlage vor, dass Herr Uhle uns zuerst das Leitbild vorstellt. Bitte, Herr Uhle, legen Sie los."

Der Bereichsleiter präsentierte das Leitbild. Er sprach kurz über die Botschaft. Dann ging er auf die einzelnen Aussagen ein und interpretierte sie überzeugend. Gespannt warteten die Verfasser der Vorlage auf die Reaktion der Chefs. Matthias Melzer sprach als Erster: „Ich sehe meine Grundgedanken zum Denken und Handeln im Unternehmen gut verankert. Dennoch sollten wir prüfen, ob die Aussagen im Einzelnen und in ihrer Gesamtheit auf unser Unternehmen zutreffen und nicht allgemein gültig und damit beliebig und austauschbar sind."

Jürgen Brade hielt sich bedeckt. Die Thematik war nicht sein Metier. Zu abgehoben, zu theoretisch – signalisierte seine Körpersprache. Dennoch, Brade hatte gelernt und akzeptierte die Verschiedenartigkeit des Denkens, Fühlens und Handelns. Das Vorhaben „Leitbild" wollte er keinesfalls gefährden. Und so konzentrierte er sich auf den praktischen Aspekt: „Das Leitbild macht für mich nur dann Sinn, wenn wir es im Unternehmen auch zu jeder Zeit praktizieren. Doch wie und womit schaffen wir das?"

„Herr Brade, Sie stellen eine entscheidende Frage. Was halten Sie davon, wenn wir sie beantworten, nachdem wir uns zum Leitbild inhaltlich verständigt haben?", schlug Melzer vor. Brade nickte.

„Herr Melzer fragt, ob das Leitbild auf unser Unternehmen zutrifft. Die Antwort liegt für mich klar auf der Hand", positionierte sich Faber. „Ich sehe das Leitbild als eine Sollvorgabe. So, wie dort beschrieben, wollen wir sein. In diesem Sinn sind die Leitbildaussagen sehr konkrete, genau auf unser Unternehmen zugeschnittene, Orientierungen. Letztlich zielen sie darauf, unserem Haus eine unverwechselbare Identität zu geben, also alles andere als beliebig und austauschbar zu sein."

Elke Ebert und Marie Mahler äußerten sich ähnlich. Sollte das Leitbild so, wie getextet, abgenickt werden? Fast schien es so, denn es bestand kein weiterer Diskussionsbedarf.

„Ich stelle die Zustimmung zum Leitbild fest. Das freut mich sehr. Herzlichen Glückwunsch an die Verfasser", beendete der Kaufmännische Geschäftsführer den ersten Teil der Diskussion. „Befinden wir nun darüber, wie und womit das Leitbild im Tagesgeschäft umgesetzt wird."

Hierzu äußerte sich Kathrin Kramer: „Wir sollten uns auf zwei Punkte konzentrieren. Zum Ersten ist es wesentlich, unseren Mitarbeitern das Leitbild verständlich zu machen und die daraus resultierenden ‚Gebote und Verbote' ohne Wenn und Aber zu benennen. Ich sage das mit Nachdruck, denn nur mit Lippenbekenntnissen lässt sich ein Leitbild nun mal nicht umsetzen. Und zum Zweiten plädiere ich für eine Art Leitbild-Controlling. Damit meine ich, dass genau jene Denk- und Handlungsmuster in die Prozessabläufe, über die wir ja im Folgenden sprechen, eingebunden werden müssen, welche letztlich die Identität unseres Unternehmens prägen sollen. Es ist eben nicht eine persönliche Ermessenssache, ob ein Mitarbeiter unseres Hauses sich den individuellen Problemen, Wünschen, Bedürfnissen und Befindlichkeiten unserer

Mieter zuwendet oder nicht. Vielmehr ist das seine Pflicht! So verlangt es das Leitbild!"

Jürgen Brade hatte aufmerksam zugehört. Die Überlegungen überzeugten ihn: „Ihre Idee, Frau Kramer, ist hervorragend. Ich halte das Leitbild-Controlling für wesentlich. So können wir die Umsetzung gut steuern."

„Ich möchte der Geschäftsführung gern einen weiterführenden Vorschlag zum Leitbild-Controlling unterbreiten. Was halten Sie davon, Ihre Bereichs- und Teamleiter zu bitten, einmal jährlich darüber zu berichten, wie es ihnen in ihrem Verantwortungsbereich gelungen ist, das Leitbild umzusetzen. Dabei könnte der Fortschritt verdeutlicht, könnten auftretende Probleme angesprochen und Lösungen aufgezeigt werden. Dazu wäre die Jahresklausur gut geeignet", schlug ich vor.

Melzer fragte verschmitzt: „Und wie sehen das unsere Bereichs- und Teamleiter?"

„Hm, ja, eigentlich, gewissermaßen, quasi müsste man ...", grummelten die vor sich hin.

Neues bedarf einer Führungsentscheidung, dachte ich. Offensichtlich hatten die Chefs einen ähnlichen Gedanken, als sie die verhaltene Zustimmung ihrer Führungsriege vernahmen.

Nach kurzem Hin und Her traf Melzer die erste Führungsentscheidung: „Ich denke, wir sind uns einig. Das Leitbild wird in der vorliegenden Fassung bestätigt. Ab 1. Januar des Folgejahres ist es als ‚Grundgesetz' des Denkens und Handelns für alle Führungskräfte sowie Mitarbeiter unseres Unternehmens verbindlich. Die Umsetzung wird über das vorgeschlagene Leitbild-Controlling gesteuert. Das gilt sowohl für das Einbinden der geforderten Denk- und Handlungsmuster in die Prozessabläufe als auch für die Umsetzungsberichte der Bereichs- und Teamleiter zur nächsten Jahresklausur."

Nach dieser Entscheidung wandten wir uns den Wertschöpfungsprozessen zu. Der Technische Geschäftsführer ergriff das Wort: „Ich möchte Sie, Frau Kramer, bitten, die wesentlichen Aussagen der Vorlage zusammenzufassen."

Die Bereichsleiterin erläuterte die Wertschöpfungsketten und unterstrich dabei das Primat der Wirtschaftlichkeit. Dann wandte sie sich der Prozessgestaltung zu und stellte die beiden Wertschöpfungsprozesse mit der Kopplung zum Leitbild vor. Ausgewählte Prozessschritte untersetzte sie durch Details. Frau Kramer hatte einen starken Auftritt. Die Chefs waren von dem neuartigen Ansatz des Prozessmanagements sichtlich beeindruckt. Zwar hatten sie die Vorlage vor der Präsentation gelesen. Doch deren innovativer Gehalt und die Tragweite der Vorschläge schienen ihnen erst jetzt klar zu werden.

„Respekt, Frau Kramer. Was Sie und das Prozessteam hier vorstellen, ist in der Tat ein interessanter Ansatz. Darüber müssen wir uns verständigen und die Konsequenzen ins Auge fassen", so Melzers erste Reaktion.

Brade setzte noch einen drauf: „Als Techniker beeindruckt mich die Logik und Transparenz des Konzepts. Besonders freue ich mich darüber, dass Sie eine Form gefunden haben, um die Prozessleistung zu messen, zu bewerten und zu steuern. Das ist für mich ein entscheidender Punkt."

Nach kurzem Nachdenken fügte Brade hinzu: „Gut gelöst ist auch der Verweis auf die möglichen Fehlerquellen in den Prozessschritten. Doch wie sollen die Vorbeuge- und Korrekturmaßnahmen konkret aussehen? Das ist für mich nicht erkennbar."

Frau Kramer antwortete: „Ihre Frage zielt auf ein ganzes Bündel von Konsequenzen, die sich aus dem Prozesskonzept ergeben. Wenn wir beispielsweise vorschlagen, dass die Tätigkeiten im Wertschöpfungsprozess ‚Mieter gewinnen' zukünftig durch Mieterberater ausgeführt werden sollen, dann folgt daraus, dass deren *Handlungskompetenz* exakt auf diesen Prozess auszurichten ist. Der erste Schritt dazu ist das Bestimmen der entsprechenden Kompetenzanforderungen. Der erforderliche Kompetenzerwerb erfolgt durch ein gezieltes Training und Coaching. Das Gesagte gilt sinngemäß auch für den Prozess ‚Mieter binden'. Hier sollten Mieterbetreuer ihre Aufgaben wahrnehmen. Das ist eine erste Konsequenz, die aus dem Prozesskonzept resultiert."

„Und was sehen Sie noch für Konsequenzen?", fragte Melzer.

Frau Kramer wollte keinen Soloauftritt. Sie schaute auf Uhle, der den Wink verstand und antwortete: „Die entscheidende Konsequenz ist ja wohl, dass wir uns von der lediglich aufs Funktionieren bezogenen Arbeitsweise verabschieden und die auf die Mieter bezogenen Prozesse mit der *Wertschöpfung* in den Vordergrund stellen. Danach wäre über die Prozessverantwortung zu befinden. Und darauf folgt dann wohl die Unterstellung der Mieterberater und letztlich deren Kompetenzaufbau."

Der Bereichsleiter stieß bei Matthias Melzer offene Türen ein. Schließlich war der Kaufmännische Geschäftsführer ja ein Verfechter des Prozessmanagements, in dessen Zentrum die *Wertschöpfung* steht. Das Konzept passt, signalisierte er sichtlich erfreut.

Jürgen Brade schaute genauer hin. „Wenn ich die Wertschöpfungsketten mit den Prozessbeschreibungen vergleiche, fällt mir auf, dass der Terminus ‚Wettbewerbsüberlegener Kundennutzwert' nicht durch eine Leistungskennzahl untersetzt ist. Gleiches stelle ich für die ‚Kundenzufriedenheit' fest, die zwar in der Wertschöpfung eine Rolle spielt, jedoch als Leistungskennzahl ebenfalls nicht auftritt. Das sollte das Prozessteam unbedingt beachten. Ansonsten stimme ich dem Konzept zu. Und zwar mit all den genannten Konsequenzen."

Hatten wir da etwas Entscheidendes übersehen? Ganz sicher! Also, Asche aufs Haupt!

Die beiden Chefs stimmten sich kurz ab. Dann verkündete der Technische Geschäftsführer die zweite Führungsentscheidung: „Das vorgelegte Konzept zum Prozessmanagement wird bestätigt, das Team gebeten, die beiden genannten Leistungskennzahlen zur Steuerung der Abläufe in die Prozessmodelle einzuarbeiten. Im Übrigen möchten wir, Herr Melzer und ich, die Qualität der Vorlagen ausdrücklich würdigen. Die Verfasser haben eine gute Arbeit geleistet. Dafür danken wir herzlich."

Mit den Führungsentscheidungen hatten die beiden Chefs grünes Licht für den Aufbruch ihres Unternehmens in die Zukunft gegeben. Der Weg war bestimmt. Das Wie und Womit der Zielerreichung war festgelegt. Klar, dass wir uns ohne Zeitverzug daran machten, die Auflagen der Geschäftsführung umzusetzen.

Ein Nutzwertprofil erstellen

Und so kam das Prozessteam wieder zusammen. Zwei Fragen waren zu beantworten. Erstens wollten wir klären, welchen Nutzwert wir unseren Mietern bieten wollen. Und zweitens war unklar, inwiefern unser Angebot dem der Wettbewerber überlegen ist.

Ulrich Uhle startete: „Ich glaube, wir können die erste Frage schnell beantworten. Die Thematik des Nutzwertes haben wir ja schon bei der Akquisitionsaufgabe zur Fremdverwaltung von Wohnimmobilien besprochen. Als Wertbestandteile unserer Dienstleistung nannten wir dort den *Gebrauchs-, Erlebnis-* und *Marken- bzw. Imagewert*. Diese Dreiteilung ist meines Erachtens auf das Wertangebot rund um die zu vermietenden Wohnungen zu übertragen."

„So können wir vorgehen. Doch ich möchte gern noch einen Gedanken einbringen. Ich halte das Wertangebot für äußerst wichtig. Stellen wir uns doch mal die Frage, wann ein Kunde kauft oder ein Mieter mietet. Er kauft bzw. mietet doch genau dann, wenn das von ihm wahrgenommene Wertangebot den dafür zu zahlenden Preis bzw. Mietzins aus seiner Sicht rechtfertigt. Die Konsequenz lautet: Wenn wir nicht ständige Preisreduktionen vornehmen wollen und nicht beabsichtigen, in den Chor der Billiganbieter einzustimmen, müssen wir den Preis weitgehend konstant halten und den wahrnehmbaren Nutzwert deutlich erhöhen. Etwas überspitzt formuliert, sollte der Kunde überrascht feststellen: ‚Wie bitte – so viel Nutzwert für so wenig Geld? Hier kaufe ich!'. Nutzwert für Geld! Das sollte unser Kommunikationsansatz beim Gewinnen und Binden von Mietern sein." Um ihren Gedanken zu unterstreichen, skizzierte Frau Kramer den Wirkungszusammenhang:

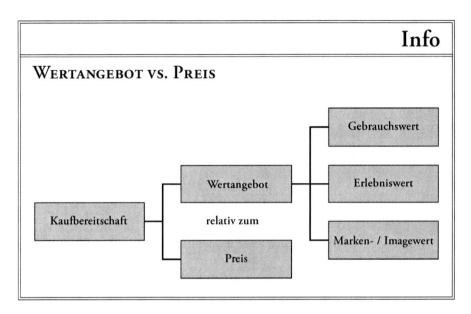

Marie Mahler führte den Gedanken weiter: „Entscheidend ist doch wohl, dass unser Wertangebot vom Mieter auch als wertvoll wahrgenommen wird. Es ist völlig sinnlos, wenn wir ein Wertangebot aus der Tasche ziehen, das dem Kunden bzw. Mieter als nicht werthaltig erscheint. Die eigentliche Problematik liegt hier darin, dass die Menschen die angebotenen Wertbestandteile sehr differenziert wahrnehmen. Damit müssen wir nun mal leben."

Nach kurzem Nachdenken fuhr sie fort. „Ich sehe hier eine Lösung. Stellen wir uns doch einfach mal gedanklich in die Schuhe eines Mieters. Aus dieser Sicht können wir die Frage beantworten, ob beispielsweise eine funktionell gut ausgestattete Wohnung für ihn einen Wert hat oder eher nicht. Ganz gewiss werden die meisten Mieter diese Frage bejahen. Und viele werden hinzufügen, dass sie darüber hinaus auch Wert auf eine gute Verkehrsanbindung, auf eine begrünte Umgebung, auf Einkaufs- und Parkmöglichkeiten, auf Kinderspielplätze sowie auf Sauberkeit und Sicherheit im Wohngebiet legen. Hier werden also aus Mietersicht wichtige Merkmale genannt, die zum Nutzwert einer Wohnlösung beitragen."

„Sehr richtig", meinte Uhle. „Derartige Merkmale sollten wir in einem *Nutzwertprofil* erfassen. Ich schlage vor, dass wir uns dabei auf die drei Wertbestandteile konzentrieren. Starten wir also mit dem *Gebrauchswert*. Meiner Meinung nach tragen dazu das ‚Kernprodukt' Wohnung, der Service rund um die Wohnung und das Wohnumfeld bei."

„Können Sie das etwas genauer darstellen", warf Frau Kramer ein.

„Also, zum ‚Kernprodukt' Wohnung zähle ich die ‚technischen' Merkmale wie Größe, Lage, Zustand und Ausstattung. Der Service rund um die Wohnung wird mittels der Hausmeisterdienste und ähnlicher Leistungen geboten. Und das Wohnumfeld erfasst den Zustand der Häuser, Innenhöfe und Straßen, die Verkehrsanbindung, die begrünte Umgebung, die Einkaufs- und Parkmöglichkeiten, den Geräuschpegel, die Kinderspielplätze, die Freizeit- und Bildungsmöglichkeiten sowie die Sauberkeit und Sicherheit. All diese Merkmale tragen zum Gebrauchswert einer Wohnlösung bei. Sie sind dem Mieter als konkret mess- und bewertbarer Nutzwertanteil zu vermitteln", meinte der Bereichsleiter.

Offensichtlich hatte uns das „In-die-Schuhe-des-Mieters-Stellen" weiter gebracht. Was lag da näher, als das Vorgehen zu wiederholen? Diesmal fragten wir nach den Merkmalen des *Erlebniswerts*.

„Ich meine, dass wir uns hier auf zwei Punkte konzentrieren können. Einerseits geht es um den Beitrag, den die Wohnung zur individuellen Lebensqualität ‚Wohnen' leistet. Als Merkmale seien hier Wohlbefinden und Behaglichkeit der Mieter, aber auch Status und Prestige genannt. Und andererseits möchte ich die Mieter-/Vermieterpartnerschaft nennen, die ja ganz entscheidend die Gefühls- und Erlebniswelt unserer Mieter beeinflusst. Denken Sie doch bitte an Merkmale wie Mieternähe, Kommunikation, Zuverlässigkeit, Vertrauen, Kompetenz, Zuwendung sowie insbesondere an die Einhaltung von Nutzwertversprechen", argumentierte Faber.

„Im Unterschied zum *Gebrauchswert* ist der *Erlebniswert* nicht konkret mess- und bewertbar. Vielmehr wird er von den einzelnen Mietern höchst individuell, subjektiv und emotional, wahrgenommen ... Ja, und da wäre schließlich noch jener Anteil des Nutzwerts interessant, welcher aus der ‚Marke' bzw. dem Image des Vermieters resultiert. Auch dieser *Marken- bzw. Imagewert* wird vom Mieter höchst unterschiedlich reflektiert", ergänzte Faber.

„Da hätten wir doch unser *Nutzwertprofil*", signalisierte Frau Kramer. „Lassen Sie uns doch einfach mal zusammenfassen." Und so gruppierten wir die Merkmalswerte und verständigten uns zu einer Gewichtung. Dabei behielten wir die Kundensicht konsequent bei:

Info

Das Nutzwertprofil einer Wohnlösung

Merkmale des Kundennutzwerts	Gewicht
Das „Kernprodukt" Wohnung	0.35
Der Service rund um die Wohnung	0.15
Das Wohnumfeld	0.15
Der Beitrag zur individuellen Lebensqualität „Wohnen"	0.15
Die Mieter-/Vermieterpartnerschaft	0.10
Die „Marke"/das Image des Vermieters	0.10
	1.00

Ulrich Uhle interpretierte das Profil: „Ich denke, dass wir genau jene Merkmale erfasst haben, welche aus Kundensicht sowohl rational als auch emotional als Nutzwert einer Wohnlösung wahrgenommen werden." Und er setzte fort: „Das *Nutzwertprofil* sollte für unsere weitere Arbeit in zweifacher Hinsicht wichtig sein. Einerseits können wir es verwenden, um zu messen und zu bewerten, inwieweit wir den Nutzwerterwartungen unserer Kunden gerecht werden oder sie gar übertreffen – was ja unser Ziel ist. Und andererseits sollte es als Basis für den Vergleich mit den Wettbewerbern dienen, um unsere angestrebte Nutzwertführerschaft zu hinterfragen und zu belegen."

Die Kundenerwartungen übertreffen

„Gut, befassen wir uns zuerst mit den Nutzwerterwartungen unserer Kunden. Um zu messen und zu bewerten, inwieweit wir die Erwartungen erfüllen, brauchen wir ein Messsystem", argumentierte Frau Kramer.

„Ich denke, wir sollten das Messsystem auf verschiedene Grade der Kundenzufriedenheit ausrichten. Lassen Sie mich das an einem Beispiel verdeutlichen. Stellen Sie sich bitte vor, Sie haben in einer Gaststätte zu Abend gegessen. Der Ober bringt die Rechnung und fragt, ob Ihnen das Essen geschmeckt hat. Sie antworten mit ‚Ja, danke', zahlen und gehen. Das Essen war weder hervorragend, denn sonst hätte es bei Ihnen sicher helle Begeisterung ausgelöst, noch ausgesprochen schlecht, was höchst ärgerlich und ein guter Grund für eine Beschwerde gewesen wäre. Kurzum, Sie bekamen genau das, was Sie in dieser Gaststätte als ‚Standard' erwartet hatten. Und damit waren Sie nicht unzufrieden, was Sie ja durch ein ‚Ja, danke' bestätigten", brillierte Faber. Und er fuhr fort: „Übertragen wir diese Denkweise doch einfach mal auf die Kundenzufriedenheit. Falls wir den ‚nicht unzufriedenen Mieter' als die Normale wählen – was ich vorschlage –, können wir sofort ein Ober- und Unterhalb bestimmen. So sind der ‚zufriedene Mieter' und der ‚höchst zufriedene Mieter' als Grade oberhalb der Normalen festzulegen. Und der ‚unzufriedene Mieter' sowie der ‚höchst unzufriedene Mieter' beschreiben die Grade des Unterhalb."

„Dieser Ansatz gefällt mir", fand Marie Mahler. „Wir sollten den verschiedenen Graden auch Zahlenwerte zuordnen. Denn nur so können wir die Kundenzufriedenheit als Leistungskennzahl messen, bewerten und steuern. Ich habe mir dazu Gedanken gemacht und möchte Ihnen gern vorstellen, wie ich das Bewertungsmuster zur Kunden- bzw. Mieterzufriedenheit gestalten würde." (Anhang):

Info

Maries Bewertungsmuster: Kundenzufriedenheit

Ein Kunde ist …

… höchst zufrieden (K++), wenn der von ihm wahrgenommene Nutzwert der Wohnlösung (N) seine Erwartungen (E) in jeder Hinsicht deutlich übertrifft (N >> E). K++ wird mit 1.0 bewertet.

… nicht unzufrieden (K), wenn der von ihm wahrgenommene Nutzwert der Wohnlösung (N) seinen Erwartungen (E) entspricht (N = E). K wird mit 0.5 bewertet.

… höchst unzufrieden (K--), wenn der von ihm wahrgenommene Nutzwert der Wohnlösung (N) in jeder Hinsicht deutlich unter seinen Erwartungen (E) liegt (N << E). K-- wird mit 0.0 bewertet.

Bewertungsmuster

Nutzwert der Wohnlösung (N) vs. Erwartungen des Kunden (E)	Grad der Kundenzufriedenheit		Bewertung
N >> E	höchst zufrieden	K++	1.00
N > E	zufrieden	K+	0.75
N = E	nicht unzufrieden	K	0.50
N < E	unzufrieden	K-	0.25
N << E	höchst unzufrieden	K--	0.00

Frau Mahlers Beitrag wurde im Team intensiv diskutiert. „Eine überzeugende Lösung! Damit haben wir ja wohl die Basis für das Messen und Bewerten der Kunden- bzw. Mieterzufriedenheit geschaffen", freute sich Kathrin Kramer.

„Übrigens, auch die verschiedenen Grade der Zufriedenheit sind sehr interessant. So ist der ‚nicht unzufriedene Mieter' eigentlich ein ‚guter' Mieter. Er schimpft nicht, zahlt seine Miete pünktlich und rüttelt nicht am bestehenden Mietverhältnis. Daraus ergibt sich für uns eine erste Schlussfolgerung: Durch unsere Arbeit müssen wir zumindest sichern, dass unsere Mieter nicht unzufrieden sind. Wenn wir das gewährleisten, sind wir weder gut noch schlecht! Wir arbeiten eben nur auf dem Niveau: ‚Hat Ihnen das Essen geschmeckt? – Ja, danke'. Diese Antwort als Zufriedenheitsausdruck zu werten, ist meines Erachtens eine gewaltige Fehlinterpretation." Faber blieb am Ball: „Ich möchte das noch überspitzen. Den Grad ‚nicht unzufriedener Mieter' zu erzielen, ist eine notwendige Bedingung erfolgreicher Wettbewerbsführung. Wenn wir das nicht schaffen, laufen uns die Mieter davon. Dieser Grad ist jedoch keinesfalls hinreichend, um im Sinne von Überlegenheit eine Differenzierung zu unseren Wettbewerbern zu erzielen. Dazu müssen wir uns dem Ideal ‚höchst zufriedener Mieter' nähern. Denn genau diese Mieter agieren für unser Unternehmen als Positivbotschafter und generieren durch Weiterempfehlung neue Mieter. Dafür müssen wir uns ganz besonders anstrengen."

„Aber wir dürfen auch den ‚höchst unzufriedenen Mieter' nicht vergessen. Hier ist absolute Vorsicht geboten! Dieser Mieter ist geschäftsschädigend. Er verbreitet Frust und agiert als Negativbotschafter. In diesem Sinne darf ich an unsere Leitbildinterpretation erinnern. Wie sagen wir doch gleich: ‚Nicht jeder Mietinteressent ist für uns als Neumieter interessant'," ergänzte Uhle. Er setzte fort: „Ich finde, wir haben uns ausreichend über das Bewertungsmuster verständigt. Meine Frage ist, wie wir es nun konkret anwenden. Also, wie und womit bringen wir die Mieter dazu, den Nutzwert ihrer Wohnlösung zu bewerten?"

„Befragen wir sie doch. Dabei sollten wir uns auf einen repräsentativen Mieterkreis konzentrieren. Das reduziert unseren Aufwand und bringt dennoch aussagefähige Ergebnisse", gab Frau Kramer die Richtung vor. Der Bereichsleiter stimmte zu: „Starten wir also einen Versuchsballon. Ich schlage vor, wir laden zu einem Mieterforum ein. In den Mittelpunkt stellen wir die Mieter-/Vermieterpartnerschaft. Bei dieser Thematik können wir darüber sprechen, was gut läuft und was zu verbessern ist. Dann stellen wir das *Nutzwertprofil* vor und bitten die anwesenden Mieter, den Nutzwert ihrer Wohnlösung anhand unseres Musters zu bewerten."

Genau so gingen wir vor. Die Mieter bestätigten das *Nutzwertprofil*. Sie kamen mit dem Bewerten gut zurecht. Somit erhielten wir die erforderlichen Daten, aus denen wir den Kundenzufriedenheits-Index berechneten (Anhang):

Beispiel

Der Index der Kundenzufriedenheit

Merkmale des Kundennutzwerts	Gewicht	Bewertung Mieter 1	Bewertung Mieter 2	Bewertung Mieter 3	Bewertung Mieter n
„Kernprodukt" Wohnung	0.35	0.70	0.75	0.40	...
Service rund um die Wohnung	0.15	0.70	0.40	0.50	...
Wohnumfeld	0.15	0.40	0.40	0.30	...
Lebensqualität „Wohnen"	0.15	0.60	0.50	0.40	...
Mieter-/Vermieter-partnerschaft	0.10	0.60	0.75	0.50	...
„Marke"/Image des Vermieters	0.10	0.75	0.75	0.60	...
Index der Kunden-zufriedenheit (KZI)		**0.64**	**0.61**	**0.43**	

Die Berechnung des KZI:
Für den ersten Mieter: KZI (1) = Summe Gewicht * Bewertung (1) = 0.64
Für n Mieter: KZI (n) = Summe KZI (1 ... n) / n = 0.56 (hier: für 3 Mieter)

„So also sieht das Ergebnis unserer Mieterbefragung aus. Das ist ja nicht gerade berauschend. Obwohl ... ein durchschnittlicher KZI von 0.56 sagt ja aus, dass unsere Mieter keinesfalls unzufrieden sind. Und übrigens, die Tendenz zur Zufriedenheit ist doch erkennbar." So die erste Reaktion der Bereichsleiterin. Sie fügte hinzu: „Wir müssen das Ergebnis gründlich auswerten. Insbesondere sollten wir den Einfluss der einzelnen Merkmalsgruppen beachten und daraus Schlussfolgerungen ableiten. So fällt mir beispielsweise auf, dass wir im ‚Wohnumfeld' durchweg schlechte Noten erzielen. Woran liegt das?" Mit dieser Frage entfachte Frau Kramer eine lebhafte Diskussion über Wünschenswertes und ökonomische Zwänge.

An dieser Stelle hielt ich es für angemessen, in das Wortgefecht einzugreifen: „Ich möchte Ihnen gern einen Gedanken anbieten. Sie sollten Ihrer Geschäftsführung vorschlagen, für die Leistungskennzahl ‚Kundenzufriedenheit' einen konkreten Zielwert vorzugeben. So halte ich einen durchschnittlichen KZI = 0.65 im ersten Halbjahr des Folgejahres für eine realistische Zielvorgabe. Zur Erfolgssteuerung können Sie ein sehr effektives Prozesscontrolling nutzen. Übrigens, Sie sollten die Bewertung der Kundenzufriedenheit halbjährlich mittels repräsentativer Stichproben durchführen." Mein Gedanke fand Zustimmung. Und so wurde die Leistungskennzahl ‚Kundenzufriedenheit' mit der Zielvorgabe von KZI = 0.65 in den Wertschöpfungsprozess ‚Mieter binden' integriert.

Einen den Wettbewerbern überlegenen Nutzwert bieten

„Kommen wir nun zur *Nutzwertführerschaft*. Fragen wir also, inwieweit der aus unseren Wohnlösungen resultierende Kundennutzwert dem unserer Wettbewerber überlegen ist", gab der Bereichsleiter die Denkrichtung vor. Kathrin Kramer bremste etwas: „Die Schwierigkeiten liegen hier doch wohl im Vorfeld des Nutzwertvergleichs. Erstens müssen wir festlegen, mit welchen Unternehmen wir uns vergleichen wollen. Ich meine, wir sollten uns auf den Hauptwettbewerber konzentrieren. Zweitens müssen wir eine Vergleichsbasis finden. Hier können wir gut unser *Nutzwertprofil* verwenden. Und drittens sind mit unseren Mietern und denen des Hauptwettbewerbers repräsentative Nutzwertbefragungen durchzuführen. Wie soll denn das gehen?"

„Ich finde, wir sollten Frau Kramers Gedanken folgen. Konzentrieren wir uns also auf den Hauptwettbewerber und verwenden wir für den Vergleich unser *Nutzwertprofil*. Somit wäre noch die Frage offen, wie und womit wir an die Ausgangsdaten für den Nutzwertvergleich herankommen", meinte Faber.

„Also, ich weiß nicht, wie wir das organisieren sollen. Wir können problemlos unsere Mieter befragen. Ich hätte jedoch größte Bedenken, wenn wir uns anschickten, im Revier des Wettbewerbers befragend zu ‚wildern'. Nein, so geht das nicht!" Marie Mahler vertrat engagiert ihre Position.

„Was halten Sie davon, eine neutrale dritte Partei einzuschalten?", fragte ich in die Runde.

„Welche Partei meinen Sie denn?", wollte Uhle wissen.

„Ich denke an eine Art verdeckten Ermittler, einen *Mystery Shopper*, einen vermeintlich Wohnungssuchenden, der glaubhaft vorgibt, eine für ihn passende Wohnung mieten zu wollen. Dazu nimmt er sowohl zu unserem Unternehmen als auch zum Wettbewerber anonym Kontakt auf und erlebt in der Folge den Prozess der Mietergewinnung in beiden Unternehmen. Dabei vergleicht er, inwieweit der Nutzwert der ihm angebotenen Wohnlösungen seine Erwartungen erfüllt und welches Unternehmen ihm somit den höheren Nutzwert bietet. Das ist das Konzept", erläuterte ich verknappt.

„Na, ich weiß nicht, ob das fair ist. Außerdem frage ich, wer wohl der verdeckte Testmieter sein sollte?", zweifelte Frau Kramer.

An mir war es, den Zweifel auszuräumen: „Ich kann Ihre Zurückhaltung verstehen. Schließlich sind wir ja alle mehr einem offenen denn einem geschlossenen Visier zugetan. Doch dieser geheime Test hat auch Vorteile. In der Regel zielt er darauf, entscheidende Verbesserungspotenziale in den zu testenden Unternehmen aufzuzeigen und zu erschließen. Darauf hat sich in Deutschland eine ganze Reihe von Marktforschungsunternehmen spezialisiert. Mein Vorschlag ist, eine kleinere, regional arbeitende Agentur zu beauftragen. Ja, und zum Testmieter meine ich, dass er am besten durch zwei Personen – sagen wir ein ‚Ehepaar' – verkörpert wird."

Nach einigem Pro und Kontra befürwortete das Team den Vorschlag. Und so nahm Ulrich Uhle Kontakt zu einer Testagentur auf und ließ sich ein Angebot unterbreiten. Dazu stimmten sich Matthias Melzer und Jürgen Brade ab und erteilten schließlich den Auftrag:

> # Notiz
>
> ### Der Testauftrag
>
> Mit Bezug auf den Prozess „Mieter gewinnen" (Prozessbereich: Von Wohnungssuchender bis Neumieter) ist zu ermitteln, inwieweit der aus unseren Wohnlösungen resultierende Mieternutzwert dem des Hauptwettbewerbers überlegen ist. Dabei ist die Mietersicht konsequent einzunehmen.
>
> Der Test basiert auf den von uns entwickelten Mess- und Bewertungsunterlagen. Das sind
>
> – die Beschreibung des Wertschöpfungsprozesses „Mieter gewinnen",
> – das Nutzwertprofil einer Wohnlösung und
> – das Bewertungsmuster zur Kundenzufriedenheit.
>
> Das Testergebnis ist in komprimierter Form mittels einer Leistungskennzahl darzustellen.

Nach etwa sechs Wochen signalisierte die Agentur, dass der Auftrag erfüllt sei. Vereinbart wurde, dass der Agenturchef die Testergebnisse präsentiert.

Und so saßen wir gespannt im Beratungsraum und warteten auf das, was uns als Abbild der Wahrheit von einem unabhängigen Dritten verkündet werden sollte. Zuerst berichtete der Agenturchef über die Art und Weise des Vorgehens der beiden Tester – einem Pseudo-Ehepaar –, die unabhängig voneinander die Fakten und Eindrücke erfasst hatten und das Ganze später in Tabellenform verdichteten. Dann stellte er uns die Nutzwertbewertung unseres Unternehmens vor. Sie wich nur unwesentlich von jenen Werten ab, welche wir auf unserem Mieterforum ermittelt hatten. Bei der Bewertung des Hauptwettbewerbers wurden im Vergleich mit unserem Unternehmen die ersten Unterschiede deutlich. In einigen Merkmalsgruppen hatten wir bessere, in anderen schlechtere Werte.

Letztlich präsentierte der Agenturleiter eine Tabelle, welche die Aussage „Bieter eines dem Hauptwettbewerber überlegenen Nutzwerts" in die Leistungskennzahl „Index des Kundennutzwerts" abbildete (Anhang):

Beispiel

Der Index des Kundennutzwerts

Merkmale des Kundennutzwerts	Gewicht	Nutzwertbewertung des eigenen Unternehmens	Nutzwertbewertung des Hauptwettbewerbers	Verhältnis der Nutzwertbewertungen	Gewichtetes Verhältnis der Nutzwertbewertungen	Anteil der einzelnen Merkmale am Kundennutzwertindex
1	2	3	4	5=3/4	6=2*5	7=6-2
„Kernprodukt" Wohnung	0.35	0.6	0.6	1.00	0.3500	0
Service rund um die Wohnung	0.15	0.5	0.6	0.83	0.1245	-0.0255
Wohnumfeld	0.15	0.4	0.5	0.80	0.1200	-0.0300
Lebensqualität „Wohnen"	0.15	0.5	0.6	0.83	0.1245	-0.0255
Mieter/Vermieter-Partnerschaft	0.10	0.6	0.3	2.00	0.2000	0.1000
„Marke"/ Image des Vermieters	0.10	0.7	0.4	1.75	0.1750	0.0750
Index des Kundennutzwerts (KNI), s. Spalte 6					1.094	

„Im Vergleich mit Ihrem Hauptwettbewerber erzielen Sie einen Kundennutzwert-Index von 1.094. Das heißt, die Mieter – repräsentiert durch unsere Tester – bewerten den aus dem Mietverhältnis mit Ihrem Unternehmen resultierenden Nutzwert um 9.4 Prozentpunkte höher als beim Wettbewerber", kommentierte der Agenturleiter.

Matthias Melzer strahlte. Hatten er und Brade doch völlig zu Recht auf der Jahresklausur das Einbinden komplexer Leistungskennzahlen in die Prozesslandschaft gefordert. Und nun lagen die ersten positiven Resultate vor. Bei allen Vorbehalten gegenüber den Testwerten, ein guter Anhaltspunkt war dieses Ergebnis allemal. Und es motivierte, die angestrebte *Nutzwertführerschaft* zu sichern und auszubauen.

„Apropos, *Nutzwertführerschaft*. Die Testergebnisse entstanden ja aus einer Momentaufnahme als repräsentativer Ausschnitt des realen Geschehens in beiden Unternehmen. Dennoch verdeutlichen die ermittelten Werte auch Stärken und Verbesserungspotenzial. Dieser Aspekt wird aus der Tabelle, Spalte 7, deutlich", steuerte der Agenturchef unsere Aufmerksamkeit.

Und er fuhr fort: „Wenn Sie sich einmal den Beitrag der einzelnen Merkmalsgruppen am Kundennutzwert-Index betrachten, fallen positive und negative Werte auf. Bei den positiven Werten sind Sie besser als Ihr Wettbewerber. In der Merkmalsgruppe ‚Mieter-/Vermieterpartnerschaft' wird das sehr deutlich. Hier erlebten die Tester einen spürbaren Unterschied, insbesondere in der Kommunikation mit dem Mieter und im Einhalten von Nutzwertversprechen. Und andererseits übertrifft Sie Ihr Wettbewerber, so zum Beispiel in der Merkmalsgruppe ‚Wohnumfeld'.

„Und wie ist das beim ‚Kernprodukt' Wohnung?", wollte Uhle wissen.

„Hier konnten unsere Tester keinen signifikanten Unterschied im gebotenen *Gebrauchswert* erkennen. Die besichtigten Wohnungen waren durchweg gut ausgestattet und übertrafen bei beiden Unternehmen leicht die Erwartungen der Testmieter."

„Können Sie etwas zur Merkmalsgruppe ‚Marke/Image des Vermieters' sagen", bat Frau Kramer.

„Das Rufbild Ihres Unternehmens ist in der Öffentlichkeit deutlich besser als das Ihres Wettbewerbers. Ihnen wird bescheinigt, dass Sie sich echt um Ihre Mieter kümmern und nicht nur Geld mit der Vermietung Ihres Wohnungsbestands verdienen wollen. Positiv heben Sie sich auch in der Vermittlung der Firmenphilosophie nach außen ab. So wird Ihr Leitbild in Ihrer Imagebroschüre, die Sie ja jedem Mietinteressenten übergeben, als vorbildlich bewertet. Glaubhaft vermitteln Sie den Eindruck, ein Unternehmen auf dem Weg zum gelebten Leitbild zu sein."

„Sie sagen, dass Ihre Tester den gesamten Prozess ‚Mieter gewinnen' in beiden Unternehmen durchlaufen haben. Richtig?", hinterfragte Faber schmunzelnd.
„Völlig richtig", antwortete der Agenturchef.
„Dann verraten Sie uns bitte, wie Ihre Tester den letzten Prozessschritt, nämlich den Schritt ‚Mietvertrag abschließen' überlebt haben." Wohltuende Heiterkeit erfasste die Runde. Eine Antwort auf Fabers Gag wurde nicht erwartet. Also kam auch keine. Man verstand sich auch so.

Der Kaufmännische Geschäftsführer verließ die Präsentation mit einem Hochgefühl. Er hatte die Gewissheit, dass sein Unternehmen auf dem richtigen Weg in die Zukunft war. Also konnte ich meine beratende Begleitung einstellen.
Zugegeben, leicht fiel mir das nicht. Ich hatte vieles erreicht und ließ vieles zurück: Gleichgesinnte, Freunde, Weggefährten. Irgendwie kam ich mir vor wie ein Fährmann, der diesseits eines Flusses Überquerungswillige aufnimmt, erfolgreich an Strudeln und Klippen vorbeileitet und sie am jenseitigen Ufer sicher absetzt. Die dort Angekommenen ziehen aus eigener Kraft weiter. Sie haben ihren Erfolgsweg gefunden. Doch der Fährmann kehrt zurück. Er muss weitere Aufbruchwillige übersetzen. Und so wiederholt sich das Spiel nach den bekannten Regeln des Wettbewerbs.

Epilog

Und wieder war ein Jahr vergangen. Und wieder war es Peter Stieglitz, der Arbeitgeberpräsident, der das zweite Mittelstandsforum vorbereitete. Diesmal ging es nicht um die Frage nach dem „Quo vadis" des deutschen Mittelstands. Dazu lagen ausreichende Antworten vor. Und die wollte der Präsident auf dem diesjährigen Forum geben.

Doch vorher musste Stieglitz seine Fasson wiedergewinnen. Ziemlich schwer lag ihm die von einem führenden Politiker Deutschlands angefachte Unternehmerschelte im Magen. Sie hatte sein unternehmerisches Selbstwertgefühl und das Selbstverständnis seines Verbandes in Frage gestellt. Eine Antwort war unumgänglich! Doch wie sollte die ausfallen? Die Schelte einfach ignorieren? Sie protestierend zurückweisen? Oder gar einen verbalen Gegenangriff führen?

Nein! Das war nicht Stieglitz' Stil. Vielmehr wollte er die Angriffe unternehmerisch beantworten. Anhand von Beispielen werden wir auf dem Forum verdeutlichen, wie und womit der deutsche Mittelstand den Aufbruch in die Zukunft aus eigener Kraft heraus gestaltet, dachte Stieglitz. Das sollte die passende Antwort sein!

Und so lud der Präsident zum Thema „Mut zum Aufbruch, deutscher Mittelstand!" ein. Als Referenten hatte er die Repräsentanten von Leuchtturm-Unternehmen und den *RMW* gewonnen. Mich bat Stieglitz, die „große Linie" vorzustellen.

Also startete ich und berichtete davon, was wir im Rahmen der Mittelstandsinitiative seit dem ersten Forum erreicht hatten. Dann sprach Grit Sonntag, gefolgt von Peter Stieglitz und Steffen Böhme. Alle drei Vortragenden veranschaulichten, welche Wirkung ein *M-Leuchtturm* entfaltet. Von der Begleitung des Aufbruchs mittelständischer Unternehmen sprach Jens Jünger, dessen Team die ersten Beratungen nach dem neuen Führungskonzept mit Bravour bestanden hatte. Und letzlich nahm Matthias Melzer das Wort, der den Erfolgsweg seines Unternehmens aufzeigte. Trotz dessen, dass der Präsident die Vortragenden gebeten hatte, auf jedwede Erfolgseuphorie zu verzichten, war der Stolz auf das Erreichte nicht zu überhören.

Dann folgte die Diskussion. Obwohl sich der Jahreszeiger der Uhr einmal gedreht hatte, erlebte ich nahezu die gleichen Wortgefechte wie im Vorjahr. Wie sehr doch die Denk- und Handlungsmuster im Mittelstand verfestigt sind! Bewegten wir uns gar im Kreis? Nein, keinesfalls! Die Bewegungsrichtung zeigt spiralförmig nach oben. Die Signale des Aufbruchs in die Zukunft wurden mehrheitlich erhört und verstanden. Die Erfolge der Aufgebrochenen überzeugten. Welch eine Chance für den deutschen Mittelstand!

Apropos, Chance. Sie ist in zweifacher Hinsicht gegeben. Einerseits für den Einzelnen, den mittelständischen Unternehmer. Und andererseits für die Gesamtheit, den deutschen Mittelstand. Der Mittelständler ist gefordert, den Aufbruch seines Unternehmens in die Zukunft mit Optimismus, Weitblick, Mut und Menschlichkeit zu gestalten. Und vor der Wirtschaftspolitik steht die Aufgabe, deutlich verbesserte Rahmenbedingungen zu schaffen und somit ihren Beitrag zum Aufbruch der mittelständischen Unternehmen zu leisten.

Wie sagte doch der brandenburgische Regierungschef und SPD-Vorsitzende Matthias Platzeck im Herbst 2005 auf der Auszeichnungsgala „Großer Preis des Mittelstandes": „Was Sie repräsentieren (gemeint sind die ausgezeichneten Mittelständler – d. Autor) ist genau das, was unser Land trägt. Wenn wir auf Kraft in Deutschland bauen, müssen wir auf Sie setzen!"

Messen wir den Wirkungsgrad unserer Politiker daran, inwieweit es ihnen gelingt, derart klugen Worten mutige Taten folgen zu lassen, die den Mittelstand – und damit unser Land – voranbringen!

Katalog
„Innovative Leistungskennzahlen"

Finanzperspektive (Auszug)

Beispiel: Ein Unternehmen setzt auf Wachstum. Die Strategie dazu zielt auf einen *gesteigerten Umsatzerlös aus Stammkundenbindung, Neukundengewinnung* und *A-Kundengeschäft* sowie auf einen *erhöhten Gewinn aus Kundenprofitabilität*. Die Zielsteuerung erfolgt mittels Leistungskennzahlen, quantitativer Zielvorgaben und zielführender Maßnahmen:

Finanzbezogene Ziele	Leistungskennzahl	Zielvorgabe	Zielführende Maßnahmen
Umsatzerlös steigern	Umsatzerlös p. a.	+ 15 % (Basis: Vorjahr)	
davon	Umsatzerlös p. a. aus Stammkundengeschäft	>= 60 %	Höheres Wertangebot an Stammkunden: Premiumprodukte, Cross-Selling, Leistungspakete
	Umsatzerlös p. a. aus Neukundengeschäft	>= 40 %	Geschäftsausbau: Neue Kunden, Produkte, Märkte
	Umsatzerlös p. a. aus A-Kundengeschäft	>= 80 %	Höheres Wertangebot an A-Kunden
Gewinn erhöhen	Gewinn v. St. p. a.	+ 8 % (Basis: Vorjahr)	
	Profitabilität A-Kunden p. a.	DB I >= 20 % für bestimmte A-Kunden	Höhere Bindungsenergie für profitable A-Kunden

Die genannten Leistungskennzahlen können wie folgt angewendet werden:

Finanzperspektive	**Umsatzerlös p. a. aus Stammkundengeschäft**	Blatt 1/1
	Bedeutung, Index	

Bedeutung   Der *Umsatzerlös p. a. aus Stammkundengeschäft* verdeutlicht, in welchem Maße es gelingt, vorhandene Kunden zu binden und einen Umsatzerlös aus dem Stammkundengeschäft zu erzielen.

Index   Als Index wird dargestellt:

$$I_{Stamm} = \frac{\text{Umsatzerlös Stammkundengeschäft}}{\text{Umsatzerlös Gesamtkundengeschäft}} \ [\%]$$

Zielvorgaben (Beispiele)   Mindestens 60 % des gesamten Umsatzerlöses p. a. aus Stammkundengeschäft oder Steigerung des Umsatzerlöses aus Stammkundengeschäft gegenüber dem Vorjahr um 10 %

Hinweise   Soll-Ist-Vergleiche mit Vergangenheits-, Gegenwarts- und Zukunftsbezug sollten periodisch erfolgen

Management: Jährliche Zielvorgabe, Erfolgscontrolling

Der Umsatzerlös p. a. aus Neukundengeschäft sowie der Umsatzerlös p. a. aus A-Kundengeschäft können sinngemäß dargestellt werden.

Finanzperspektive	Profitabilität A-Kunden p. a.	Blatt 1/2
	Bedeutung, Berechnung	

Bedeutung   Die *Profitabilität A-Kunden p. a.* verdeutlicht, in welchem Maße die einzelnen A-Kunden (Schlüsselkunden) einen Deckungs- bzw. Gewinnbeitrag erbringen.

Berechnung   Eine Datenanalyse mit Jahresbezug liefert für die
(Beispiel)   A-Kunden K1, K2 und K3 folgende abgestufte Deckungsbeiträge (DB I, II und III):

	A-Kunden		
	K1	K2	K3
Umsatzerlös p. a. zu Nettopreisen	300	400	200
− Erlösschmälerungen	50	20	30
= **Nettoerlös**	250	380	170
− Produktions- bzw. Herstellkosten	150	290	140
= **Deckungsbeitrag I**	100	90	30
− Direkt zurechenbare Marketingkosten (Prospekte, Kataloge, Muster etc.)	20	3	6
= **Deckungsbeitrag II**	80	87	24
− Direkt zurechenbare Vertriebskosten (Angebotserstellung, -präsentation etc.)	60	50	29
= **Deckungsbeitrag III**	20	37	−5

Finanzperspektive	**Profitabilität A-Kunden p. a.**	Blatt 2/2
	Zielvorgaben, Hinweise	

Zielvorgaben (Beispiele)	Mindestens 20 % DB I sind mit (einem) bestimmten A-Kunden zu erzielen oder Steigerung des DB I mit (einem) bestimmten A-Kunden gegenüber dem Vorjahr um 5 %
Hinweise	Die Berechnung der Profitabilität der A-Kunden ist ein Teil der Kundenbewertung. Sie setzt eine exakte Datenerfassung voraus.
	Für die erfassten Zeiten können intern Verrechnungssätze gebildet werden (z. B. 1 h Angebotserstellung = ... Euro; s. Prozesskosten).
	Periodische Soll-Ist-Vergleiche mit Vergangenheits-, Gegenwarts- und Zukunftsbezug.
	Management: Zielvorgabe, Erfolgscontrolling: stufenweise Nachweis des Nettoerlösverbrauchs mit Zielvorgabe, z. B. DB I im Verhältnis zum Nettoerlös >= 20 %
	Methode zur Bestimmung der A-Kunden: ABC-Analyse

Kundenperspektive (Auszug)

Beispiel: Die aus der Finanzperspektive heraus definierten ökonomischen Ziele werden hier durch kundenbezogene Ziele ergänzt. Dazu gehören z. B. das *Erhöhen der Kundenzufriedenheit* und das *Bieten eines wettbewerbsüberlegenen Kundennutzwerts*. Die Zielsteuerung erfolgt durch Vorgabe von Leistungskennzahlen, quantitativen Zielvorgaben und zielführenden Maßnahmen:

Kundenbezogene Ziele	Leistungskennzahl	Zielvorgabe	Zielführende Maßnahmen
Kundenzufriedenheit erhöhen	Index der Kundenzufriedenheit (KZI)	KZI >= 0.65	Konzentration auf jene Faktoren, welche unmittelbar zum Kundennutzwert beitragen (s. Nutzwertprofil)
Wettbewerbsüberlegenen Kundennutzwert bieten	Index des Kundennutzwerts (KNI)	KNI >= 1.10	dto.

Die genannten Leistungskennzahlen können wie folgt angewendet werden:

Kundenperspektive	**Kundenzufriedenheit**	Blatt 1/5
	Bedeutung, Grade	

Bedeutung	Die *Kundenzufriedenheit* verdeutlicht, in welchem Maße der von/vom Kunden wahrgenommene Nutzwert eines Produkts bzw. einer Leistung den Erwartungen des/der Kunden entspricht.
Grade	• höchst zufriedener Kunde • zufriedener Kunde • nicht unzufriedener Kunde • unzufriedener Kunde • höchst unzufriedener Kunde
K++	Ein Kunde ist **höchst zufrieden** (K++), wenn der von ihm wahrgenommene Nutzwert (N) eines Produkts bzw. einer Leistung seine Erwartungen (E) in jeder Hinsicht deutlich übertrifft: K++: $N \gg E$
Hinweise	Der Zustand K++ ist notwendig und hinreichend, damit ein Kunde als Botschafter der Zufriedenheit, als Referenzgeber und Weiterempfehler agieren kann. Das Ziel sollte sein, die Kundenerwartungen durch ein deutliches Mehr an Kundennutzwert zu übertreffen.

Kundenperspektive	Kundenzufriedenheit	Blatt 2/5
	Grade	

K-- Ein Kunde ist **höchst unzufrieden** (K--), wenn der von ihm wahrgenommene Nutzwert (N) eines Produkts bzw. einer Leistung in jeder Hinsicht deutlich unter seinen Erwartungen (E) liegt:
$K\text{--}: N \ll E$

Hinweise Achtung! K---Kunden sind Frustverbreiter und Negativbotschafter!

Problematisch ist, einen Umsatzerlös erzielen zu wollen, ohne sicher zu sein, die Kundenerwartungen auch befriedigen zu können!

Als Schutz vor K---Kunden ist zu empfehlen, die Kundenerwartungen (E) vor Auftragsannahme bzw. Vertragsabschluss präzise zu ermitteln und auf Erfüllbarkeit zu prüfen. Denn: Nicht jeder Interessent ist als Kunde interessant!

K Der Kunde ist **nicht unzufrieden** (K), wenn der von ihm wahrgenommene Nutzwert (N) eines Produkts bzw. einer Leistung seinen Erwartungen (E) entspricht:
$K: N = E$

Hinweise Die Unzufriedenheit der Kunden zu verhindern, ist eine notwendige Bedingung erfolgreicher Wettbewerbsführung.

Die Bedingung ist jedoch nicht hinreichend, wenn im Sinne von exzellenter Unternehmensführung den Kunden ein dem Wettbewerb überlegener Nutzwert geboten werden soll.

Kundenperspektive	Kundenzufriedenheit	Blatt 3/5
	Nutzwertprofil, Bewertungsmuster	

Nutzwertprofil   Die Merkmale des Kundennutzwerts werden hinsichtlich Gebrauchs-, Erlebnis- und Marken- bzw. Imagewert des Produkts bzw. der Leistung aus Kundensicht bestimmt und gewichtet (Summe der Gewichte: 100 % bzw. 1.00):

Merkmale des Kundennutzwerts	Relative Wichtigkeit	Gewichtungsfaktor
M 1		
M 2		
M 3 usw.		
	100 %	1.00

Bewertungsmuster

Grad	Relation	Bewertung
K++	N >> E	1.00
K+	N > E	0.75
K	N = E	0.50
K-	N < E	0.25
K--	N << E	0.00

Kundenperspektive	Kundenzufriedenheit	Blatt 4/5
	Index der Kundenzufriedenheit	

Berechnung (Beispiel)   Der Index der Kundenzufriedenheit (KZI) wird wie folgt berechnet:

Merkmale des Kundennutzwerts	Gewichtungsfaktor	Bewertung Bi durch Kunden Ki (i = 1, ..., n)		
		B1 (K1)	B2 (K2)	Bn (Kn)
M 1	0.35	0.70	0.75	0.40
M 2	0.15	0.70	0.40	0.50
M 3	0.15	0.40	0.40	0.30
M 4	0.15	0.60	0.50	0.40
M 5	0.10	0.60	0.75	0.50
M 6	0.10	0.75	0.75	0.60
Index der Kundenzufriedenheit		**0.64**	**0.61**	**0.43**

Somit ergibt sich:

Für Kunden K1:
KZI (1) = Summe Gewicht * Bewertung (1) = **0.64**

Für n Kunden:
KZI (n) = Summe KZI (1 ... n) / n = **0.56**

Kundenperspektive	**Kundenzufriedenheit**	Blatt 5/5
	Zielvorgaben, Hinweise	

Zielvorgaben (Beispiele) Verbesserung planen, Zielgrößen vorgeben, z. B. für eine Kundengruppe: KZI >= 0.65 oder Verbesserung des KZI gegenüber dem Vorjahr auf 0.70

Hinweise Periodizität der Auswertung festlegen.

Auswertung auf A-Kunden fokussieren.

Im Sinne der *EU-Norm zur Zertifizierung von Managementsystemen* kann der KZI zum Messen, Bewerten und Überwachen der Kundenzufriedenheit genutzt werden.

Kundenperspektive	**Wettbewerbsüberlegener Kundennutzwert**	Blatt 1/2
	Bedeutung, Index des Kundennutzwerts	

Bedeutung · Der *den Wettbewerbern überlegene Kundennutzwert* verdeutlicht, in welchem Maße die Produkte bzw. Leistungen des eigenen Unternehmens einen höheren Kundennutzwert erzielen als vergleichbare Produkte bzw. Leistungen der Wettbewerber (Nutzwertführerschaft).

Bewertung · Zum Bewerten sollte jenes Nutzwertprofil verwendet werden, welches zur Kundenzufriedenheit genutzt wird. Auch das dort angewendete Bewertungsmuster sollte beibehalten werden.
Gemessen und bewertet wird aus der Sicht eines „neutralen Dritten" (z. B. „Mystery Shopper").

Berechnung (Beispiel)

Merkmale des Kundennutzwerts	Gewicht	Nutzwertbewertung des eigenen Unternehmens	Nutzwertbewertung des Hauptwettbewerbers	Verhältnis der Nutzwertbewertungen	Gewichtetes Verhältnis der Nutzwertbewertungen	Anteil der einzelnen Merkmale am Kundennutzwertindex
1	2	3	4	5 = 3/4	6 = 2*5	7 = 6-2
M 1	0.35	0.6	0.6	1.00	0.3500	0
M 2	0.15	0.5	0.6	0.83	0.1245	-0.0255
M 3	0.15	0.4	0.5	0.80	0.1200	-0.0300
M 4	0.15	0.5	0.6	0.83	0.1245	-0.0255
M 5	0.10	0.6	0.3	2.00	0.2000	0.1000
M 6	0.10	0.7	0.4	1.75	0.1750	0.0750

Summe Spalte 6: **Index des Kundennutzwerts = 1.094**

Kundenperspektive	**Wettbewerbsüberlegener Kundennutzwert**	Blatt 2/2
	Index, Hinweise	

Index	Der Index des Kundennutzwerts KNI weist die Nutzwertführerschaft numerisch aus.
	Wenn KNI >1: Der Kundennutzwert des Produkts bzw. der Leistung des eigenen Unternehmens ist dem des Hauptwettbewerbers überlegen.
	KNI = 1: Gleichheit des Kundennutzwerts
	KNI < 1: Der Kundennutzwert des Produkts bzw. der Leistung des eigenen Unternehmens ist dem des Hauptwettbewerbers unterlegen.
Zielvorgabe (Beispiele)	Verbesserung planen, Zielgrößen vorgeben, z. B. KNI >= 1.10 oder Verbessern des KNI gegenüber dem Vorjahr auf 1.15
Hinweise	Periodizität der Auswertung festlegen.
	Messen und Bewerten der Nutzwertführerschaft auf ausgewählte Wettbewerber konzentrieren, z. B. auf Hauptwettbewerber oder auf Durchschnitt der Konkurrenten

Prozessperspektive (Auszug)

Beispiel: Die in der Finanzperspektive genannten ökonomischen Ziele werden hier durch prozessbezogene Ziele ergänzt. Dazu gehören das *Senken der Kundenreklamationen* im Wertschöpfungsprozess und das *Auswählen des attraktivsten Bieters als Lieferant* im Beschaffungsprozess. Die Zielsteuerung erfolgt mittels Leistungskennzahlen, quantitativer Zielvorgaben und zielführender Maßnahmen:

Prozessbezogene Ziele	Leistungskennzahl	Zielvorgabe	Zielführende Maßnahmen
Kundenreklamationen senken	Index der Kundenreklamationen	$I_{Rekla} <= 0.5\ \%$	Qualitätsmanagement (s. EU-Norm)
Attraktivsten Bieter als Lieferant auswählen	Index der Bieterattraktivität	$I_{Bieter} = \max(B1, B2, \dots, Bn)$	

Die genannten Leistungskennzahlen können wie folgt angewendet werden:

Prozessperspektive	**Kundenreklamationen**	Blatt 1/1
	Bedeutung, Index	

Bedeutung   Die *Kundenreklamationen* verdeutlichen, in welchem Maße die Anforderungen und Erwartungen der Kunden im „ersten Anlauf" nicht einwandfrei erfüllt wurden.

Index   Als Index wird ausgewiesen (Reklamationsquote):

$$I_{Rekla} = \frac{\text{Zahl der Kundenreklamationen}}{\text{Zahl realisierter Kundenaufträge}} \; [\%]$$

Zielvorgaben   Maximal 0,5 % Kundenreklamationen im lfd. Jahr oder
(Beispiele)   Verringerung der Kundenreklamationen gegenüber dem Vorjahr um 10 %

Hinweise   Periodizität der Auswertung festlegen.

Im Sinne der *EU-Norm zur Zertifizierung von Managementsystemen* kann die Reklamationsquote zum Messen, Bewerten und Überwachen der Leistungsqualität im Wertschöpfungsprozess genutzt werden.

Prozessperspektive	**Bieterattraktivität**	Blatt 1/4
	Bedeutung, Beispiel	

Bedeutung   Die *Bieterattraktivität* verdeutlicht, wie zugkräftig (ein) Bieter aus der Sicht eines Kunden ist/sind.

Die Merkmale sind aus Kundensicht zu bestimmen und zu gewichten. An ihnen ist die Attraktivität des/der Bieter(s) zu messen und zu bewerten.

Beispiel

Merkmal **Gewicht**

Zufriedenheit des Kunden mit bisheriger Leistungsqualität des Bieters 0.25
Eingehaltene Nutzwertversprechen aus bisheriger Bieterleistung 0.20
Wahrgenommenes Preis-/Leistungsverhältnis des Bieters 0.15
Rufbild des Bieters bzw. der Produktmarke 0.15
Servicequalität und Kundendienst des Bieters 0.10
Grad der Ausstattung mit Produkten des Bieters 0.10
Präferenz im Beziehungsnetz zum Bieter 0.05

1.00

Hinweis   Für jedes Merkmal ist eine Bewertung vorzunehmen. Anhand des Beispiels soll das für drei Merkmale exemplarisch dargestellt werden.

Prozessperspektive	Bieterattraktivität	Blatt 2/4
	Merkmale, Bewertungsmuster	

Merkmal	Zufriedenheit des Kunden mit bisheriger Leistungsqualität des Bieters
Bewertungsmuster	Bewertet wird die *Kundenzufriedenheit*. Dazu wird der *KZI* genutzt.

Textteil	Wert
Durchschnittlicher KZI >= 0.7	1.0
Durchschnittlicher KZI = 0.5	0.5
Durchschnittlicher KZI <= 0.3	0.0

Merkmal	**Eingehaltene Nutzwertversprechen aus bisheriger Bieterleistung**
Bewertungsmuster	Bewertet wird, in welchem Maß der versprochene, aus der Bieterleistung resultierende, Nutzwert beim Kunden tatsächlich eingetreten ist (Soll-/Ist-Vergleich). Vergleichsgrößen sind z. B. die Neukundengewinnung, Stammkundenbindung, Kostensenkung und Gewinnerhöhung.

Textteil	Wert
Der eingetretene Kundennutzwert übersteigt deutlich das versprochene Soll	1.0
Der eingetrete Kundennutzwert entspricht dem Soll	0.5
Das Soll ist in keiner Weise erreicht worden. Beim Kunden ist kein Nutzwert eingetreten	0.0

Prozessperspektive	Bieterattraktivität	Blatt 3/4
	Merkmale, Bewertungsmuster	

Merkmal   Präferenz im Beziehungsnetz zum Bieter

Bewertungsmuster   Bewertet wird, in welchem Maß das bestehende Beziehungsnetz zum Bieter für den Kundenerfolg entscheidend ist.

Textteil	Wert
Zum Bieter bestehen langjährige, hervorragende Geschäftskontakte. Der Bieter verweist andere Unternehmen auf den Kunden, ist dessen Referenzgeber und Positivbotschafter. Zu den Entscheidungsträgern des Bieters bestehen bindende Beziehungen...	1.0
Bieter und Kunde kennen sich (mehr formell), bindende Beziehungen bestehen (noch) nicht.............	0.5
Keine Kontakte, keine Beziehungen	0.0

Prozessperspektive	**Bieterattraktivität**	Blatt 4/4
	Index, Berechnung	

Index, Berechnung Für jeden Bieter ist die Summe aus den Gewichten multipliziert mit den jeweiligen Bewertungen zu berechnen. Der so gebildete *Index der Bieterattraktivität* gibt den zugkräftigsten Bieter an.

Merkmal	Gewicht	Bewertung der Bieter		
		B1	B2	B3
Kundenzufriedenheit	0.25	0.8	0.6	0.5
Nutzwertversprechen	0.20	1.0	0.8	0.5
Preis-/Leistungsverhältnis	0.15	0.7	0.5	0.2
Rufbild, Produktmarke	0.15	0.8	0.8	0.6
Servicequalität, Kundendienst	0.10	0.9	0.7	0.7
Ausstattungsgrad	0.10	0.8	0.6	0.5
Beziehungsnetz	0.05	0.5	0.7	0.8
Index der Bieterattraktivität		0.820	0.670	0.505

Hinweis   Der Bieter mit dem höchsten Attraktivitätsindex sollte bei der Auftragsvergabe den Zuschlag erhalten.

Anwendung   Im Prozessmanagement:
Lieferanten (Bieter) auswählen und bewerten gemäß den Forderungen der *EU-Norm zur Zertifizierung von Managementsystemen*

Mitarbeiterperspektive (Auszug)

Beispiel: Die in der Finanz-, Kunden- und Prozessperspektive genannten Ziele werden hier durch mitarbeiterbezogene Ziele ergänzt. Dazu gehören das *Anwenden der Handlungskompetenz*, das *Erzielen verbesserter Arbeitsergebnisse* und ein *duales Bewerten der Arbeitsleistungen*. Die Zielsteuerung erfolgt mittels Leistungskennzahlen, quantitativer Zielvorgaben und zielführender Maßnahmen:

Mitarbeiterbezogene Ziele	Leistungskennzahl	Zielvorgabe	Zielführende Maßnahmen
Handlungskompetenz anwenden	Index der Kompetenzanwendung	I >= 0.60	
Arbeitsergebnisse verbessern	Index der Ergebniserzielung	I >= 0.60	
Arbeitsleistungen dual bewerten	Index der dualen Leistungsbewertung	I >= 1.20	

Die genannten Leistungskennzahlen können wie folgt angewendet werden:

Mitarbeiterperspektive	Handlungskompetenz	Blatt 1/12
	Bedeutung, Beispiel	

Bedeutung · Die *Handlungskompetenz* leistet einen direkten Beitrag zum Erfüllen der Arbeitsaufgaben und zum Erzielen der Arbeitsergebnisse. Sie wird mit Bezug auf die zu definierenden Kompetenzanforderungen gemessen und bewertet.

Beispiel · Projektleiter im Beraterteam:

Kompetenzanforderungen	Gewicht
Beratungsauftrag akquirieren	0.20
Kundenproblem analysieren	0.15
Problemlösung entwerfen	0.10
Lösungsentwurf implementieren	0.10
Kundennutzwert erzielen	0.15
Beratungsauftrag abschließen	0.05
Kundenbeziehungen gestalten	0.15
Beratungsprojekt managen	0.05
Beraterteam führen	0.05
	1.00

Hinweis · Die einzelnen Kompetenzanforderungen werden detailliert festgelegt:

Mitarbeiterperspektive	Handlungskompetenz	Blatt 2/12
	Kompetenzanforderungen	

Kompetenz-
anforderung

Beratungsauftrag akquirieren
(1) Akquisitionsstrategie entwickeln: Zielgruppe bestimmen, Kundenbedürfnisse ermitteln, Kundennutzwert ableiten
(2) Kundenkontakte anbahnen: Potenzielle Kunden ermitteln und vorselektieren, Gesprächstermin vereinbaren
(3) Kundengespräche führen: Situation und wirkende Bedingungen ermitteln, Beratungsziel, -inhalt, -ablauf, -konditionen besprechen, Kundenbudget klären, Kundennutzwert kommunizieren, Wunsch nach Beraterleitung auslösen
(4) Beratungsangebote unterbreiten
(5) Beratungsauftrag erzielen

Kundenproblem analysieren
(1) Kundensituation beschreiben, SWOT-Analyse
(2) Schwachstellen ermitteln, Ursachen und Wirkungen aufzeigen
(3) Schlussfolgerungen, Lösungsansätze
(4) Problemanalyse dokumentieren

Problemlösung entwerfen
(1) Lösungsansätze bewerten, Vorzugsvariante
(2) Zielsystem definieren, zielführende Maßnahmen planen, Termine, Verantwortlichkeiten und Mitwirkungen festlegen
(3) Lösungsentwurf vom Kunden bestätigen lassen
(4) Lösungsentwurf dokumentieren

Mitarbeiterperspektive	**Handlungskompetenz**	Blatt 3/12
	Kompetenzanforderungen	

Kompetenz-
anforderung

Lösungsentwurf implementieren
(1) Lösungsentwurf ausführen
(2) Lösungseinführung beim Kunden begleiten, Anlaufunterstützung geben, Führungskräfte coachen, Mitarbeiterteams trainieren
(3) Praxistauglichkeit der Lösung nachweisen, Abnahme der Lösung durch Kunden erreichen
(4) Implementierung dokumentieren

Kundennutzwert erzielen
(1) projizierten Soll-Nutzen mit erreichtem Ist vergleichend bewerten
(2) Lösung verbessern, Soll-Nutzen nachweisen
(3) Nutzensnachweis dokumentieren

Beratungsauftrag abschließen
(1) Beratungsbericht erstellen
(2) gegenseitige Verpflichtungen erfüllen
(3) Folgemaßnahmen planen
(4) Rechnungslegung veranlassen

Mitarbeiterperspektive	**Handlungskompetenz**	Blatt 4/12
	Kompetenzanforderungen	

Kompetenz-
anforderung

Kundenbeziehungen gestalten
(1) mit Kunden vertrauensvoll zusammenarbeiten, als persönlicher Ansprechpartner fungieren
(2) Arbeits(teil)ergebnisse abstimmen
(3) konsensfördernde Konfliktlösungen anstreben

Beratungsprojekt managen
(1) Beratungsprojekt planen und leiten
(2) Beratungsprojekt steuern (Controlling)

Beraterteam führen
(1) Eigeninitiative und Selbststeuerung der Teammitglieder befördern
(2) Leistungsfähigkeit und -bereitschaft entwickeln
(3) Individuelle Arbeitsleistungen messen, bewerten und verbessern

Mitarbeiterperspektive	Handlungskompetenz	Blatt 5/12
	Bewertungsmuster	

Bewertungsmuster Das Anwenden der Handlungskompetenz wird als Soll-/Ist-Vergleich nach folgendem Muster bewertet:

Kompetenzniveau **Bewertung**

Höchst professionell..1.00
Setzt alle definierten Kompetenzanforderungen vollständig um: stets ganzheitlich, fundiert, sicher, wirtschaftlich; erschließt das eigene Leistungspotenzial umfassend, ist proaktiv: stets analysierend, messend, bewertend, lernend und verbessernd; signalisiert deutlich, dass die Spitzenleistungen, die zu den exzellenten Ergebnissen führen, zukünftig beibehalten werden

Professionell...0.50
Setzt die definierten Kompetenzanforderungen im Wesentlichen um: meist ganzheitlich, fundiert, sicher, wirtschaftlich; erschließt das eigene Leistungspotenzial weitgehend, ist reaktiv: meist analysierend, messend, bewertend, lernend, verbessernd; signalisiert deutlich, dass die Standardleistungen, die zu den geforderten Ergebnissen führen, zukünftig beibehalten werden

Höchst unprofessionell.......................................0.00
Setzt die definierten Kompetenzanforderungen nicht oder völlig unzureichend um: erschließt das eigene Leistungspotenzial nicht oder kaum, ist inaktiv; signalisiert deutlich, dass die Minderleistungen, die zu den inakzeptablen Ergebnissen führen, zukünftig beibehalten werden

Hinweis Das Bestimmen von Zwischenwerten ist sinnvoll.

Mitarbeiterperspektive	**Handlungskompetenz**	Blatt 6/12
	Kompetenzprofil	

Kompetenzprofil (Beispiel) Für den im Beispiel genannten Projektleiter im Beraterteam wurde die Handlungskompetenz wie folgt bewertet:

Kompetenzanforderung	Bewertung
1 Beratungsauftrag akquirieren	0.60
2 Kundenproblem analysieren	0.80
3 Problemlösung entwerfen	0.80
4 Lösungsentwurf implementieren	0.60
5 Kundennutzwert erzielen	0.75
6 Beratungsauftrag abschließen	0.70
7 Kundenbeziehungen gestalten	0.70
8 Beratungsprojekt managen	0.35
9 Beraterteam führen	0.80

Die Handlungskompetenz wird mittels *Kompetenzprofil* grafisch dargestellt. Die Fläche ist das Kompetenzmaß.

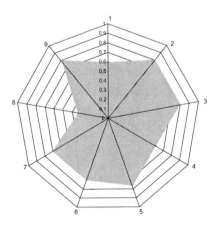

Mitarbeiterperspektive	**Handlungskompetenz**	Blatt 7/12
	Bewertung, Index	

Bewertung — Neben der Fläche kann die Handlungskompetenz auch als Zahlenwert dargestellt werden:

Kompetenzanforderungen	<u>G</u>ewicht	<u>B</u>ewertung	G*B
1 Beratungsauftrag akquirieren	0.20	0.60	0.1200
2 Kundenproblem analysieren	0.15	0.80	0.1200
3 Problemlösung entwerfen	0.10	0.80	0.0800
4 Lösungsentwurf implementieren	0.10	0.60	0.0600
5 Kundennutzwert erzielen	0.15	0.75	0.1125
6 Beratungsauftrag abschließen	0.05	0.70	0.0350
7 Kundenbeziehungen gestalten	0.15	0.70	0.1050
8 Arbeitsfortschritt steuern	0.05	0.35	0.0175
9 Beraterteam führen	0.05	0.80	0.0400
Index der Kompetenzanwendung			**0.69**

Index — Die Summe G*B heißt *Index der Kompetenzanwendung*. Im Beispiel verdeutlicht er, dass 69 % des (theoretisch möglichen) Kompetenzpotenzials in Handlungen umgesetzt werden.

Zielvorgabe (Beispiel) — Kompetenzzugewinn planen, Zielgröße vorgeben, z. B. Erhöhen der Kompetenzanwendung der Mitarbeiter des Bereichs … um durchschnittlich 10 % durch zielführendes Coaching und Training

Mitarbeiterperspektive	Ergebniserzielung	Blatt 8/12
	Korrespondierende Arbeitsergebnisse	

Korrespondenz　　Je Kompetenzanforderung ist das korrespondierende Arbeitsergebnis zu bestimmen:

Arbeitsergebnisse   **Gewicht**

Akquirierter Beratungsauftrag 0.20
Analysiertes Kundenproblem 0.15
Entworfene Problemlösung 0.10
Implementierter Lösungsentwurf 0.10
Erzielter Kundennutzwert 0.15
Abgeschlossener Beratungsauftrag 0.05
Gestaltete Kundenbeziehungen 0.15
Gemanagtes Beratungsprojekt 0.05
Geführtes Beraterteam 0.05

                    1.00

Hinweis　　Die einzelnen Arbeitsergebnisse werden detailliert festgelegt.

Mitarbeiterperspektive	Ergebniserzielung	Blatt 9/12
	Bewertungsmuster	

Bewertungsmuster   Das Erzielen der Arbeitsergebnisse wird nach folgendem Muster bewertet:

Ergebnisniveau   **Bewertung**

Übererfüllt alle Zielvorgaben 1.00
Übererfüllt etwa 50 % der Zielvorgaben,
erfüllt den Rest.. 0.75
Erfüllt alle Zielvorgaben 0.50
Erfüllt etwa 50 % der Zielvorgaben,
erfüllt den Rest nicht... 0.25
Erfüllt keine Zielvorgabe... 0.00

Arbeitsergebnis   **Akquirierter Beratungsauftrag**
(Beispiel)

Messgrößen

(1) $\text{Angebotserfolg} = \dfrac{\text{Zahl akquirierter Beratungsaufträge}}{\text{Zahl unterbreiteter Angebote}}$

Zielvorgabe: 25 % p. a.

(2) *Umsatzerlös aus akquirierten Beratungsaufträgen*
Zielvorgabe: 200 T Euro p. a.

Messgröße Zielvorgabe		Erzieltes Arbeitsergebnis
(1)	25 % p. a.	25 % p. a.
(2)	200 T Euro p. a.	250 T Euro p. a.

Bewertung: 0.75, weil Zielvorgabe (1) erfüllt und (2) übererfüllt

Mitarbeiterperspektive	Ergebniserzielung	Blatt 10/12
	Index der Ergebniserzielung	

Hinweis   Die Messgrößen der restlichen Arbeitsergebnisse seien in einem Beratungsstandard definiert. Auf ihre Darstellung wird verzichtet.

Bewerten

Arbeitsergebnisse	**G**ewicht	**B**ewertung	G*B
1 Akquirierter Beratungsauftrag	0.20	0.75	0.1500
2 Analysiertes Kundenproblem	0.15	0.75	0.1125
3 Entworfene Problemlösung	0.10	0.60	0.0600
4 Implementierter Lösungsentwurf	0.10	0.60	0.0600
5 Erzielter Kundennutzwert	0.15	0.75	0.1125
6 Abgeschlossener Beratungsauftrag	0.05	0.20	0.0100
7 Gestaltete Kundenbeziehungen	0.15	0.70	0.1050
8 Gemanagtes Beratungsprojekt	0.05	0.30	0.0150
9 Geführtes Beraterteam	0.05	0.75	0.0375

Index der Ergebniserzielung   **0.66**

Die Summe G*B heißt *Index der Ergebniserzielung*. Im Beispiel verdeutlicht er, dass 66 % des (theoretisch möglichen) Ergebniswerts erzielt werden.

Mitarbeiterperspektive	**Duale Leistungsbewertung**	Blatt 11/12
	Leistungsniveaus, Index	

Leistungsniveaus Die Kompetenzanwendung (x) und die Ergebniserzielung (y) stehen in direkter Wirkungsbeziehung. Beide werden mit Bezug aufeinander bewertet. Die duale Bewertung ist grafisch darstellbar.

Drei Bereiche, die Leistungsniveaus entsprechen, sind relevant:
(1) *Spitzenleister* (x + y > 1.5)
(2) *Standardleister* (x + y = 1.0 ... 1.5)
(3) *Minderleister* (x + y < 1.0)

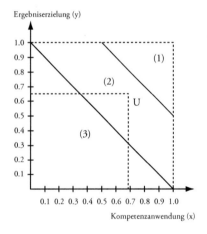

Leistungsindex Die Leistung des Projektleiters im Beraterteam (U) liegt im Standardbereich (x + y = 1.35, mit x = 0.69 und y = 0.66). Der **Index der dualen Leistungsbewertung** beträgt hier **1.35**.

Mitarbeiterperspektive	**Duale Leistungsbewertung**	Blatt 12/12
	Leistungsniveaus	

Leistungsniveaus   **Spitzenleister**
wendet die definierte Handlungskompetenz höchst professionell an und übererfüllt alle Zielvorgaben

Standardleister
wendet die definierte Handlungskompetenz professionell an und erfüllt alle Zielvorgaben

Minderleister
wendet die definierte Handlungskompetenz nicht oder höchst unprofessionell an und erfüllt keine Zielvorgabe

Anwendung   Möglichkeit für eine neue Form der Entlohnung: Weg vom Entlohnen nach geleisteten Arbeitsstunden, hin zum Vergüten von Kompetenzanwendung und Ergebniserzielung

GLOSSAR

Arbeitskreis Mittelstand
Motor der Initiative „Aufbruch mittelständischer Unternehmen in eine erstrebenswerte Zukunft" (fiktiv)

Balanced Scorecard
Betriebswirtschaftliches Konzept für die Unternehmensführung und das Management
Literatur: Kaplan, Robert S.; Norton, David P.: The Balanced Scorecard. Harvard Business School Press, Boston 1996
Deutsch: Balanced Scorecard. Schäffer-Poeschel Verlag, Stuttgart 1997

Duale Leistungsbewertung
Die *Handlungskompetenz* und die *Ergebniserzielung* werden mit Bezug aufeinander bewertet. Als *Leistungsniveaus* gelten:
Spitzenleister – Wendet die definierte Handlungskompetenz höchst professionell an und übererfüllt alle Zielvorgaben
Standardleister – Wendet die definierte Handlungskompetenz professionell an und erfüllt alle Zielvorgaben
Minderleister – Wendet die definierte Handlungskompetenz nicht oder höchst unprofessionell an und erfüllt keine Zielvorgabe

Emotionale Kompetenz
Fähigkeit, mit eigenen Gefühlen, Stimmungen und Befindlichkeiten umzugehen und sie durch *Selbstwahrnehmung*, *Selbststeuerung* und *Selbstmotivation* sowie durch *Einfühlungsvermögen* und *Beziehungsgestaltung* zu anderen mit Zielbezug zu steuern

Ertragswachstum
Weg zur Gewinnerhöhung

EU-Norm zur Zertifizierung von Managementsystemen
DIN EN ISO 9001 : 2000

Finanz-, Kunden-, Prozess-, Mitarbeiterperspektive
Sichten der *Balanced Scorecard*

Frage aller Fragen
Unternehmer oder *Unterlasser*?

Gebrauchs-, Erlebnis-, Marken-/Imagewert
Bestandteile des *Kundennutzwerts*

Handlungskompetenz
Zur erfolgreichen Aufgabenerfüllung und Ergebniserzielung anzuwendende Menge aus Wissen, Kenntnissen, Fähigkeiten, Fertigkeiten, Methoden, Instrumentarien, Einstellungen und Verhalten.

Index der Bieterattraktivität
Leistungskennzahl (s. Katalog)

Index der dualen Leistungsbewertung
Leistungskennzahl (s. Katalog)

Index der Ergebniserzielung
Leistungskennzahl (s. Katalog)

Index der Kompetenzanwendung
Leistungskennzahl (s. Katalog)

Index des Kundenutzwerts
Leistungskennzahl (s. Katalog)

Index der Kundenreklamationen
Leistungskennzahl (s. Katalog)

Index der Kundenzufriedenheit
Leistungskennzahl (s. Katalog)

Insolvenzzahlen von Unternehmen in Deutschland
www.destatis.de

Kompetenzprofil
Flächenmaß zur Bestimmung der *Handlungskompetenz*

Kundennutzwert
Rational darstellbarer bzw. emotional wahrnehmbarer Wert eines Produkts bzw. einer Leistung aus Kundensicht

Kundenzufriedenheit
Ausdruck dessen, in welchem Maße der von/vom Kunden wahrgenommene Nutzwert eines Produkts bzw. einer Leistung den Erwartungen des/der Kunden entspricht

MittelstandsReport
TV-Serie zur Förderung des deutschen Mittelstands (fiktiv)

M-Leuchtturm
Vorbild-/Eliteunternehmen des deutschen Mittelstands

Mystery Shopper
Anonymer Testkäufer, „verdeckter Ermittler"

Nutzwertführer
Unternehmen, das mittels seiner Produkte bzw. Leistungen einen den Wettbewerbern überlegenen *Kundennutzwert* bietet

Nutzwertkommunikation
Kommunikation mit Fokus *Kundennutzwert*

Nutzwertprofil
Gruppierte und gewichtete Merkmale des *Kundennutzwerts* eines Produkts bzw. einer Leistung

Produktivitätssteigerung
Weg zur Gewinnerhöhung

Profitabilität A-Kunden
Leistungskennzahl (s. Katalog)

Quo vadis, deutscher Mittelstand?
Thema eines Mittelstandsforums (fiktiv)

RMW – Rat der mittelständischen Wirtschaft e. V.
Eingetragener Verein zur Förderung des deutschen Mittelstands (fiktiv)

Spitzen-, Standard- und Minderleister
Leistungsniveaus der *dualen Leistungsbewertung*

Typindikation
Instrument zum Erkennen von Persönlichkeitspräferenzen
Literatur: Bents, R.; Blank, R.: Typisch Mensch.
Einführung in die Typentheorie, Hogrefe-Verlag, Göttingen 1995

Umsatzerlös aus Stammkunden-, Neukunden-, A-Kundengeschäft
Leistungskennzahlen (s. Katalog)

Unterlasser
Inhaber, Entscheidungs- und Verantwortungsträger eines kleinen oder mittleren Unternehmens, der sich ausschließend auf das operative Tagesgeschäft konzentriert und es unterlässt, gleichsam dazu die Weichen für die Zukunft seiner Firma zu stellen

Unternehmensleitbild
„Grundgesetz" des Unternehmens. Als Basiskonsens dokumentiert es dessen Selbstverständnis (Wer sind wir?), beschreibt den Unternehmenszweck (Warum existieren wir?), erfasst die Grundwerte (Wofür stehen wir?) und legt die im Unternehmen zu lebenden Denk- und Handlungsmuster (Wie denken und handeln wir?) verbindlich fest.

Zielt auf eine unverwechselbare Unternehmensidentität, die als differenzierender Wettbewerbsfaktor am Markt wahrgenommen und ergebniswirksam umgesetzt wird.

Unternehmerische Vision
Geistige Vorwegnahme einer erstrebenswerten Zukunft des Unternehmens. Beschreibt einen Zielzustand mit Realitätsbezug, vermittelt jenseits des Zeitgeists sowohl Orientierung (Wohin wollen wir?) als auch Sinn (Warum wollen wir dorthin?) und enthält ein Angebot zur Identifikation (Wir gehören dazu!) und Mitgestaltung (Wir machen mit!).

Unternehmerstammtisch
Treff mittelständischer Unternehmer (fiktiv)

Wertschöpfungskette
„Bewirkt"-Relation

Wertschöpfungsprozess
… betriebswirtschaftlicher Hauptprozess, in dessen Verlauf die Produkte bzw. Leistungen als Träger des Kundennutzwerts gefertigt bzw. erbracht werden.
… beginnt und endet beim Kunden. Das Prozessziel ist aus dessen Bedürfnissen, Anforderungen, Erwartungen und Wünschen abgeleitet.
… hat einen Prozessbereich. Dieser ist durch den Prozessbeginn und das Prozessende festgelegt.
… benötigt einen Prozessinput und generiert einen Prozessoutput.
… ist in eine Folge von Prozessschritten aufgelöst, die den Prozess inhaltlich untersetzen.
… wird mittels Messgrößen, Leistungskennzahlen und Sollvorgaben zielführend gesteuert.
… hat einen Prozessverantwortlichen.

Zähler- und Nennermanagement
„Wirtschaftlichkeit" sei als Verhältnis aus Erträgen bzw. Leistungen (Zähler) zu Aufwendungen bzw. Kosten definiert (Nenner). Die vorrangige Konzentration

auf das Steigern der Erträge bzw. Leistungen heißt Zählermanagement. Falls das Senken von Aufwendungen bzw. Kosten den Vorrang hat, liegt ein Nennermanagement vor

Akteure des Buchs

Steffen Böhme
Geschäftsführender Gesellschafter eines Strickwarenunternehmens und Vorstand einer landesweiten Wirtschaftsinitiative

Jürgen Brade, Matthias Melzer
Geschäftsführende Gesellschafter eines Wohnungsunternehmens

Horst Heller
Geschäftsführer eines Landesverbandes im Rat der mittelständischen Wirtschaft e. V. (RMW)

Jens Jünger
RMW-Beratungsleiter

Grit Sonntag
Geschäftsführende Gesellschafterin einer Armaturenfabrik und Vizepräsidentin der Industrie- und Handelskammer einer Landeshauptstadt

Martin Spengler
Wirtschaftsjournalist

Peter Stieglitz
Vorstandsvorsitzender eines Pharmaunternehmens und Präsident eines Landesarbeitgeberverbands

Beate Bellmann, Karsten König, Marcus Mannes, Rico Reichert, Roland Ritter, Susi Sander, Sven Seifert
Berater im RMW-Auftrag

Kathrin Kramer, Ulrich Uhle
Bereichsleiter eines Wohnungsunternehmens

Elke Ebert, Frank Faber, Gerlinde Gerk, Gisa Gube, Gregor Gerster, Marie Mahler, Sylvia Schobes
Mitarbeiter eines Wohnungsunternehmens